大 般 涅 槃 經

우리말 대반열반경 요의

제안용하 편역

비움과소통

인도 쿠시나가르 열반상. 부처님이 열반하신 그 자리에 모셔진 열반상이라 그 감흥이 남다르다. 시간을 초월하여 부처님 열반의 순간을 함께하고자 하는 순례객들이 끊이지 않는다.

돈황 막고굴 158굴 열반상 벽화. 사랑하는 큰 스승과 이별하고 말법의 시대를 맞이
하게 된 제자들의 비통과 절망에 빠진 모습과 열반의 대승적 의미를 이미 깨달은 보
살들의 담담하고 의연한 자세가 극적인 대조를 이룬다.

추 천 사

　대반열반경은 우리 부처님께서 중생들에게 마지막 남긴 가르침을 담은 경전입니다. 다시 말해서 대반열반경은 부처님께서 왕위를 버리고 입산 출가해서 설산에서 6년 고행 끝에 생로병사生老病死와 우주의 진리를 깨달으시고 성불하신 후 45년간 설법하신 오교십승 중의 최상, 최후의 법문입니다.

　그리고 부처님께서 일생의 고단한 삶을 마치고 열반하시고자 할 때에 수천수만의 천신 천녀 국왕 대신의 공양을 모두 물리치고 오직 순타의 공양을 마지막으로 받으시고　열반삼덕涅槃三德(법신덕法身德·반야덕般若德·해탈덕解脫德)을 설하신 후 열반하셨습니다.

　특히 이 경에서 말씀하신 중요한 내용은 일체중생개유불성설一切衆生皆有佛性說과　여래如來의　상주불멸설常住佛滅說, 그리고 일천제一闡提도 성불할 수 있다는 설과

부율호법설扶律護法說, 특히 다른 경전보다 많은 팔백의 비유설譬喩說입니다. 그리고 범부와 외도들이 보는 허망한 상常·락樂·아我·정淨의 전도顚倒와 성문聲聞·연각緣覺의 반자교半字敎의 무상無常·고苦·무아無我·부정不淨 등 팔전도八顚倒를 모두 타파하시고 여래의 열반사덕涅槃四德(진상眞常·진락眞樂·진아眞我·진정眞淨)을 밝힌 만자교滿字敎입니다. 비유컨대 마치 설산의 비니肥膩, 향초香草만 먹는 大力白牛에게서 얻어지는 우유 중의 최상인 제호醍醐의 맛과 같은 것입니다.

이와 같이 부처님께서 45년 설법의 결정체를 담은 열반경은 너무나 방대하고 또 한문을 모르는 분은 접근하기가 어려운 일이었습니다. 그러나 금번에 대강백 원조각성 스님의 전강제자인 정변지사 주지 제안용하 스님이 불자들과 열반사상을 공유하기 위해서 지난 가을부터 동국역경원에서 발행한 고려대장경 번역본을 중심으로 다시 간략하게 엮어서 출간하니, 먼저 그간 노고에 대한 축하와 아울러 많은 독자들이 여래의 방에 들어가서 여래의 옷을 입고 여래의 삶을 살 수 있는 길이 열렸다고 생각합니다.

그리고 이 열반경을 공부하는 현대인들에게는 어두운 방의 촛불과 고단한 삶의 지침이 될 것입니다. 특히 시대를 앞서가며 안목眼目(오안五眼: 육안肉眼·천안天眼·법안法眼

·혜안慧眼·불안佛眼)을 갖추고자 노력하는 불자들에게 수
시일독隨時一讀을 권하는 바입니다.

불기2563년(기해년) 5월 19일
大韓佛敎曹溪宗 魚山宗匠
水落山 興國寺 住持 重明和庵 謹書

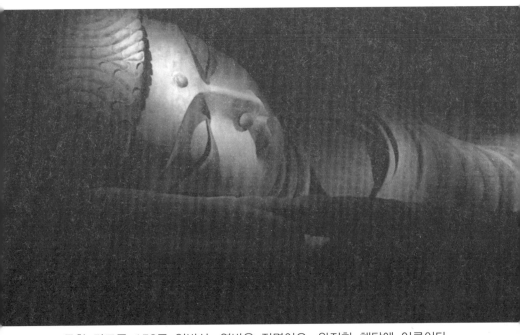

돈황 막고굴 158굴 열반상. 열반은 적멸이요, 완전한 해탈에 이름이다

머 리 말

귀의삼보하옵고.

무량한 부처님의 말씀 중에 대승사상의 정수를 담은 대승경전을 세 가지 꼽자면 하나는 〈화엄경華嚴經〉이요, 둘째는 〈열반경涅槃經〉이요 세 번째는 〈법화경法華經〉이라 하겠습니다.

〈화엄경〉은 석가모니 부처님이 보리수 아래에서 깨달음을 이루신 그 순간에 무량무변한 연화장세계 속에서 "일중일체一中一切, 다중일多中一"이라는 대승사상의 요의를 연설하신 내용입니다.

이와 대응하여, 〈열반경〉은 석가모니 부처님이 사라쌍수 사이에서 열반에 임하실 때, 비탄과 괴로움에 빠진 대중들 앞에서 열반이 곧, 괴로움이 아닌 상락아정, 즉 항상하고 즐겁고 아我이고 깨끗한 것임을 연설하시니, 이는 중생의 고통과 슬픔을 희열과 희망으로 바꾸신 대반전의 장면을 연출하신 것입니다.

〈열반경〉은 대승불교 발전사에 있어 아주 중요한 사상들을 담고 있는데, 이것이 바로 열반의 상락아정常樂我淨, 부처님이 법신으로서 항상 우리 곁에 자리하신다는 법신상주法身常住, 모든 중생은 부처님의 성품을 내재하고 있다는 일체중생 실유불성(一切衆生 悉有佛性)입니다. 이 세 가지 사상은 오늘날 우리 불교가 상생의 종교, 나눔의 종교, 희망의 종교로 자리 잡을 수 있게 한 결정적인 부처님 말씀의 요의를 드러낸 것입니다.

　　〈열반경〉은 특히나 일생을 생로병사의 괴로움에 반연할 수밖에 없는 운명인 우리 중생들에게 특별히 더욱 값진 경전이라 하겠습니다. 부처님의 가르침을 따라 내면 깊숙이 관조할 때, 우리의 삶 속에서 부처님이 언설하신 항상함과 즐거움, 나의 고귀함과 청정함을 발견하실 수 있을 것입니다.

　　이번 강의를 통해 〈열반경〉의 가르침을 여러 불자님들과 함께할 수 있게 됨을 부처님께 감사드리며, 함께 대승의 참 진리를 사유하고, 더불어 현실의 일상을 위한 올바르고 건강한 방편을 함께 나누기를 기원합니다.

　　성인 중의 성인이신 부처님의 일승원교 중에 하나인 〈대반열반경大般涅槃經〉을 설하신 부처님의 위덕에 마음 깊이 감사드립니다.

1200여년 전에 인도에서 중국으로 건너오셔 〈대반열반경〉을 한역한 담무참 삼장께 감사드립니다.

이 땅에 〈대반열반경〉을 비롯한 부처님 말씀을 널리 알리기 위하여 한글 경전 편찬의 대사업을 펼친 동국 역경원의 큰 공덕에 감사드립니다.

수십년간 대중에게 〈대반열반경〉의 요의를 밝히고자 널리 강설해 오신 원조각성 큰스님께 감사드립니다.

본 교재의 내용은 40권 분량의 방대한 〈대반열반경〉 내용 가운데, 강의에 맞게 부분 내용을 추려낸 요의본 입니다.

이 책은 불교대학에서 부처님의 말씀을 전할 목적으로 준비된 강의용 교재임을 알립니다.

2019 기해년 5월 13일
정변지사 제안 용하 합장

목 차

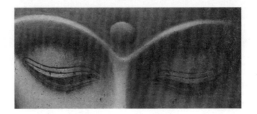

담무참과 열반경

대반열반경은 남북조시대 초기에 활약한 역승 담무참 (曇無讖, 385~433) 삼장에 의해서 한역되었다. 이로써 열반 경은 화엄경, 법화경과 더불어 대승불교의 정수를 담은 대표적인 경전으로서 널리 유통될 수 있었다. 담무참이 당시 벌인 역경사업과 불사는 역대 최고의 역경승으로 추앙받는 구마라집의 그것에 버금가는 것이었다. 그러 나 담무참의 업적은 열반경의 편역 하나만으로도 족하 다고 할 만하다. 그만큼 열반경의 역출은 이후 대승불 교의 전개에 지대한 영향을 끼쳤을 뿐 아니라 담무참 의 일생 자체가 열반경과 깊은 관련이 있기 때문이다. 담무참의 행적에 대해서는 〈양고승전〉에서 비교적 자 세히 전하고 있다.

담무참은 중인도 사람으로 6세에 아버지를 여의고 모직담요를 짜는 품을 파는 어머니와 함께 어렵게 자 랐다. 그 무렵 담무참은 어린 나이로 사문 달마야사의 문하에 들어가 공부를 하였는데 **열 살이 될 무렵 이미 담무참의 총명함과 재능이 무리에서 가장 뛰어났다 한다. 처음에는 소승불교를 배웠는데 하루에 1만자의 경전을 능**

히 암송하였다. 관심을 기울인 학문도 매우 다양하여, 이른바 五明(성명, 공교명, 의방명, 인명, 내명)을 모두 배웠으며, 아울러 언어학, 문학, 공예, 기술, 수학, 의학, 논리학 등을 두루 섭렵하였다. 〈양고승전〉에서는 담무참이 주술에 능하여 여러 가지 신이를 보였다고 하는데, 이는 담무참이 이와 같이 일찍이 다양한 학문에 모두 통달하여 일반인들이 상상하지 못할 발상과 능력을 보였음을 시사하는 것이다.

담무참이 대승의 진리를 깨닫게 된 것은 열반경과의 인연에 의해서이다. 당시까지 그의 강설은 매우 정밀하고 논리적이어서 학문과 변론에 있어 능히 그를 상대할 자가 없었다. 그러나 대승학자인 백두(白頭)선사를 만난 후 상황은 달라졌다. 담무참은 백두선사와 논쟁을 벌였으나, 100여 일이 지나도 끝을 보지 못하였다. 담무참이 아무리 정교하게 문제를 제기하고 논리로 공격하여도, 백두선사에게서 허점을 찾을 수가 없었다. 결국 담무참은 논쟁의 패배를 인정하지 않을 수 없었다. 담무참은 선사에게 가르침을 얻고자 물었다.

"스님의 설법이 심오함을 보니 제가 감히 접하지 못한 경전을 근거로 한 것으로 보입니다. 도대체 어떤 경전을 공부하신 것입니까?"

이에 백두선사는 나무껍질에 새긴 열반경을 보여줬
다. 담무참이 그 내용을 살펴보니 그 뜻이 광대무변하
여 자신이 공부한 소승경전과 비교할 바가 아니었다.
이에 우물 안 개구리처럼 좁은 틀 안에서 자만했던 자
신을 부끄러워하고 크게 깨우치게 되었다. 이후 담무참
은 대승에 전념하여, 나이 스무 살이 되었을 때 대소
승의 경전 2백만 자를 암송하게 되었다. 담무참에게
있어 열반경은 그를 대승의 바다로 뛰어들게 한 계기
일 뿐 아니라 대승의 사상을 가장 대표하는 경전이었
다. 때문에 그는 평생토록 열반경을 소중히 간직하였으
며, 역경사업에 있어서도 가장 공을 들였다.

담무참은 대승을 공부한 이후 지금의 중앙아시아를
따라 홍법의 역정에 들어선다. 〈대반열반경〉 열 권과
〈보살계경〉, 〈보살계본〉 등의 경전을 지참하고 계빈국
(지금의 카슈미르 일대)을 거쳐 구자국(지금의 쿠차)에 당도하
였다. 그러나 이 두 나라는 모두 소승불교만 신봉하고
대승에 귀기울이지 않았다. 이에 다시 동쪽으로 향하여
산산(지금의 신장 산산현 남동쪽)에 머물다가, 다시 동진하여
돈황에 다달았다. **돈황은 당시 중국과 서역의 교류의 통
로로서 경제와 문화가 발달하고 불교가 성행하여 佛國이라
불리는 곳이었다. 담무참은 돈황에서 몇 년간 머물며 중국
어를 배우고 난후 역경사업을 시작하였다.** 현재까지 전해
오는 〈보살계본〉이 바로 돈황에서 역출된 경이다. 이

후 담무참은 다시 동진하여 고장(현 감숙성 무위시, 당시 북량의 수도)에 도달해 당시 북량의 왕 저거몽손(401년~433년 재위)을 만나고 평생을 그와 함께 홍법과 역경사업에 치중하게 된다.

여기서 잠시 담무참이 활동하던 당시의 정세를 소개하겠다. 후한, 위촉오 삼국, 진으로 이어지던 당시 중국 대륙은 진이 다시 분열되면서 혼란기를 맞게 되고 이 틈을 타 북방민족이 각각 나라를 세워 할거하는 5호 16국[1] 시기를 맞게 된다. 중국대륙에서의 북방민족의 활동은 불교와 관련하여 중요한 의의를 갖는다. 중국에 기존하는 유교와 도교의 사상이 워낙 뿌리깊게 자리한 탓에 그때까지 중국에 유입된 불교는 본래의 뜻을 중국적으로 해석한 이른바 '격의불교'의 성격이 강하였다. 그러나 대륙에 진출한 북방민족은 한족과 같은 뿌리 깊은 전통사상이 없었다. 때문에 북방민족은 통치이념의 필요에 따라 불교를 적극적으로 수용하게 되는데, 이때 인도로부터 수많은 역경승들이 들어왔으며, 격의불교에서 벗어나 본래의 불교사상을 보다 적극적으로 퍼뜨릴 수 있었다. 저명한 역경승인 불도징 삼

---

1) 4세기부터 5세기 초에 걸쳐 중국 북부지역에 흉노·갈·저·강·선비의 다섯 이민족이 세운 열세 왕조와 한족(汉族)이 세운 세 왕조로 전조, 후조, 전연, 후연, 남연, 북연, 전진, 후진, 서진, 하, 성한, 전량, 후량, 북량, 남량, 서량 등의 16개국을 말한다.

장, 구마라집 삼장, 담무참 삼장 등이 모두 이 시기에 활약하였다. 북량은 16국 중의 하나로 지금의 감숙성 일대에 자리한 국가다. 감숙성은 중국대륙에서 서역으로 통하는 중요한 관문이다. 때문에 당시의 불교가 중국대륙으로 유입되는 과정에서 북량을 반드시 거쳐야 했으며, 이를 통해 북량은 당시 사상과 문화 모든 면에서 불교가 가장 왕성한 국가가 되었다. 당시 북량의 통치자였던 저거몽손은 〈양고승전〉에서 중간에 변덕을 부리기도 하고 담무참을 살해하는 인물로서 약간 괴상한 인물로 비춰졌을지 모르지만, 사실 누구보다도 불교 전파에 적극적이었던 통치자였다. 강력한 통치력으로 서량의 영토였던 주천, 돈황 등지를 복속시키는 한편, 국가적인 불교사업을 대대적으로 펼쳤으며, 불교의 전륜성왕을 이상적 통치자상으로 삼고 각종 역경사업을 펼치고 불상과 사원의 조성에 힘썼다. 그리고 이러한 활동의 사상적 배경이 되었던 이가 바로 담무참이었다.

담무참은 저거몽손의 절대적인 지지를 받고 역경에 주력할 수 있었고, 그 결과 〈대반열반경〉36권, 〈방등대집경〉29권, 〈방등왕허공장경〉5권, 〈방등대운경〉4권, 〈비화경〉10권, 〈금광명경〉4권, 〈해룡왕경〉4권, 〈보살지계경〉8권, 〈보살계우바새계단경〉1권, 〈우바새계〉7권 등, 다량의 경전을 역출하였다. 이 경전들은 모두 대승경전이다. 그중 가장 의의가 큰 경전은 말할 것도 없이 〈대반열반경〉이다. 담무참 이전에 동진의 법현과 불타발타라가 공역한 〈니원경〉6권이 열반경에 해당하나[2] 그 내용이 소승불교에 국한한 것이었다. 그러므로 진정한 대승의 열반경을 역출한 것은 담무참이 최초인 것이다. 담무참은 〈대반열반경〉이 범어로 총 35000여의 게송으로 이루어져 있고, 한문으로 번역하면 100만여 자에 이른다 하였다. 그가 처음 인도에서 지니고 온 열반경 10권은 그 중 일부분으로 초분에 해당한다. 담무참은 이 10권을 모두 역출한 후 다시 인도로 돌아가 나머지 부분을 구하고자 하였다. 마침 모친상을 당하여 인도에서 1년여를 머문 후 인도와 우전국(타림분지 남단의 고대국가, 지금의 신장 화전현)에서 나머지 분량을 수집하여 북량으로 돌아왔다. 이로서 〈대반열반경〉36권(현재 40권)을 역출할 수 있었다(417년). 그런데 나중에 인도 사문 담무발이 이 열반경을 보고 완본이 아니라 하자, 담무참은 다시 나머지 부분을 찾아 길을 나서게 되었다. 안타깝게도 담무참은 이때, 저거몽손에게 살해를 당해(433년, 향년 49세) 끝내 숙원의 사업이던 열반경의 완역을 이루지 못하였다.

그렇다면 담무참의 절대적인 후원자이자 숭배자였던 몽손은 왜 담무참을 살해하게 되었을까? 이에 대해서는 좀 더 고찰해볼 필요가 있다. 저거몽손의 북량이

---

2) 니원(泥洹)은 열반을 의미하는 다른 번역어이다

당시 하서지역에서 그 위세를 떨치긴 하였지만, 중국대륙 전체로서는 선비족이 세운 북위가 북방의 다른 지역을 모두 점령하고 마지막으로 남은 북연과 북량을 위협하고 있었다. 북위의 태무제는 담무참의 명성을 듣고 몽손에게 담무참을 북위로 보낼 것을 지속적으로 요구하였다. 그러나 몽손은 침략의 위협 속에서도 이 요구만은 끝내 거절하였다. 〈양고승전〉에 이에 대해 다음과 같이 전하고 있다.

> 그때 북위의 탁발도(태무제, 424~452 제위)가 담무참의 명성을 듣고 사자를 파견하여 맞아들이려 했다. 탁발도는 몽손에게 고하기를 "만약 승려 담무참을 보내지 않으면 즉시 공격하겠다." 하였다. 그러나 몽손은 담무참을 섬긴 지 이미 세월이 오래된지라 차마 떠나는 것을 허락하지 못하였다. 또한 탁발도는 몽손에게 명하여 말하기를, "내 들으니, 담무참의 박학다식은 구마라집과 같은 정도이고, 비밀스런 주문과 신비한 영험은 불도징과 짝할 만하다고 한다. 짐이 도를 연구하고자 하니 빠른 역말에 태워 그를 보내도록 하라."
>
> 저거몽손은 북위의 관리 이순에게 신락문에서 잔치를 베풀어 주었다. 몽손이 이순에게 말하였

다.

"서번의 늙은 신하인 이 저거몽손은 조정을 받들어 섬겨, 감히 그 뜻을 거스르며 잘못을 저지르지 않았습니다. 그런데도 천자께서는 아첨하는 말을 믿고 받아들여, 독촉하고 핍박만 하고 계십니다. 전에는 표문을 내려 담무참이 머물기를 원하셨습니다. 이번에는 사자를 보내 그를 데려가려고 하십니다. 담무참은 바로 저의 스승님이므로 응당 그분과 죽음을 함께 해야만 합니다. 진실로 저의 남은 여생이야 아깝지 않습니다. 인생은 한번 죽기 마련이지요. 다만 언제인지를 어찌 깨닫겠습니까?"

저거몽손에게는 담무참이 단순히 박학하고 역경에 능한 사문에 그치는 존재가 아니라 자신의 통치자로서의 일생에 있어 결코 떼어놓을 수 없는 스승이자 동반자였던 것이다. 이를 통해 당시 담무참의 법력이 얼마나 드높았고, 또 저거몽손에게 사상적으로 얼마나 지대한 영향을 끼쳤는지 능히 짐작할 수 있다. 결국 몽손은 자신과 담무참의 운명을 동일시하였고, 담무참이 열반경을 완역을 위해 북량을 떠나려던 순간을 그와의 영원한 이별로 간주했던 것으로 보인다. 그래서였을까, 담무참을 살해한 바로 그해 몽손 역시 세상을 뜨고 말았다. 담무참의 송환을 무리하게 요구하였으나 끝내 그를 얻지 못한 태무제는 훗날 가혹한 폐불정책을 시행하여 역사상 폐불삼무(북위의 태무제, 북주의 무제, 당의 무종)의 하나라는 오명을 남기게 되었다.

담무참의 행적을 전체적으로 평가한다면 철저한 대승사상에 입각하여 불교를 선양하였다는 점이다. 그가 역출한 경전은 모두 대승경전이었으며 계에 있어서 소승의 계와 차별을 둔 대승적 보살계를 주장하였다. 이는 구마라집이 소승과 대승을 가리지 않고 역경사업을 한 것과 비교되는 점이다. 담무참이 역출한 대승경전 중에서 특히 열반경은 일승원교의 불신 및 불성론을 통하여 대승의 근본사상을 가장 명확하게 제시한 경전으로 이후 중국을 비롯한 동아시아에서 가장 중요한 대승경전 중 하나로 자리잡게 된다. 결국 담무참은 열반경을 통하여 대승의 진리를 깨달았고 평생토록 열반경을 손에서 놓지 않았으며, 마지막에도 열반경을 구하다가 생사를 달리한 인물이다. 담무참이 왜 평생토록 열반경을 중시하였을까? 아마도 그는 열반경에서 다른 그 어떤 경전에서도 얻지 못할 커다란 깨달음을 얻었기 때문일 것이다. 그가 열반경에서 얻은 無上의 진리가 무엇이었는지를 고찰하는 것은 오늘날 열반경을 공부하는 우리들에게 남겨진 하나의 화두일 것이다.

인도 아잔타석굴 열반상

1. 수명품(壽命品)의 말씀 중에서

나는 이와 같이 들었다.

어느 때 부처님께서 구시나국에 있는, 역사(力士)가 난 땅인 아리라발제 강가의 사라나무 사이에 계셨다. 그때 세존께서는 앞뒤로 둘러싼 큰 비구 팔십억 백천인과 함께 하셨는데, 이월 십오일은 열반에 임하실 때였다.

"오늘 여래 응공 정변지께서는 중생을 불쌍히 여기고 중생을 보호하여 중생들을 나후라처럼 평등하게 보아 귀의할 곳이 되어 주며 온갖 집이 되어주고자 한다. 대각 세존이 열반하고자 하니, 모든 중생들은 의심나는 것이 있다면 지금 모두 묻도록 하라. 이것이 마지막 물음이 될 것이다."

모든 중생들이 이것을 보고 듣고는 크게 걱정하고 근심하여 동시에 소리를 높여 슬피 울부짖으며 이렇게 말하였다.

"아아, 자애로운 아버지여, 아프고 괴롭습니다."

그리고 손을 들어 머리를 쥐어박기도 하고 가슴을 치

며 외치기도 하고, 또한 어떤 자는 온몸을 떨며 눈물짓
고 흐느끼기도 하였다.

이때 땅과 산과 바다가 모두 진동하자 중생들은 서로
서로 말하였다.

"각자 슬픔을 억제합시다. 너무 근심하거나 괴로워하지
만 말고 마땅히 빨리 구시나성의 역사가 난 곳에 계시는
부처님의 처소에 이르러 머리를 숙여 예를 올립시다. 그
리고 여래(如來)께 가서 열반에 드시지 말고 한 겁 동안
이나 아니 한 겁이 조금 모자라는 동안만이라도 세상에
머물러 주시기를 청해 봅시다."

그리고 서로 손을 이끌면서 이러한 말도 하였다.

"세상이 텅 비고 중생들이 복이 다하여 선하지 못한
모든 업들이 자꾸만 세상에 나타날 것입니다. 여러분 이
제 어서 갑시다. 여래께서 오래지 않아 반드시 열반에
드실 것입니다."

다시 또 이러한 말도 하였다.

"세상이 비었습니다. 이제부터 우리들에게는 구호해 줄
분도 없고 우러러 받들 분도 없습니다.

**빈궁하고 외롭습니다. 만일 위없는 세존(世尊)께서 멀리 떠
나시게 되면 설사 의혹이 있다 한들 마땅히 다시 누구에게
묻겠습니까?"**

그때 또한 이 항하의 모래 수와 같은 우바새들이 있었

으니 오계(五戒)를 수지하고 위의를 구족하였는데, 그 이름은 위덕무구칭왕 우바새와 선덕 우바새 등으로서 그런 자들이 상수가 되었다.

그러나 세존께서는 때를 아시고 잠자코 받지 않으셨다.

이렇게 세 번 청했으나 모두 허락하지 않으시므로 여러 우바새들은 소원을 성취하지 못하였다. 그리하여 마음에 슬픈 번뇌를 품은 채 잠자코 있었다.

그것은 마치 외아들이 졸지에 병들어 죽어 그 유해를 무덤으로 보내어 안치하고 되돌아온 자상한 아버지처럼 탄식하고 한스러워하고 슬퍼하고 근심하고 고뇌하면서 가지고 갔던 공양거리를 한곳에 안치하고 한쪽 곁에 물러가서 고요히 앉았다.

그때 또한 일곱 항하의 모래 수와 같은 여러 왕들의 부인이 있었는데 다만 아사세왕의 부인(婦人)만은 제외였다.

그들은 다 중생을 제도하기 위하여 여인의 몸을 받았으며 항상 몸의 행을 살피되 공(空), 무상(無相), 무원(無願)의 법(法)으로 그들의 마음을 향기롭게 닦는 이들이었다. 그들의 이름은 삼계묘 부인, 애덕 부인 등이었다.

"지금 세존께서 계신 곳으로 찾아가서 뵈어야겠다."

이때 여러 부인들도 소원을 성취하지 못하고 마음으로

근심과 번뇌를 품은 채 스스로 머리카락을 쥐어뜯고 가슴을 치며 통곡하기를 마치 어머니가 사랑하는 아들의 장례를 만난 것과 같이 하였다. 그러면서 한 쪽 곁에 물러가 고요히 앉는 것이었다.

그때 욕계의 마왕 파순이 그 권속과 여러 천상의 채녀들과 무량하고 끝없는 아승기의 대중들을 데리고 지옥문을 열어 놓고 맑고 서늘한 물을 베풀어 주면서 말하였다.

> **탁기 타타라탁기 로하례 마하로례 아라 자라 다라 사바하**

"이것이 주문입니다. 만일 이 주문을 능히 받아 지니는 자는 사나운 코끼리도 두렵지 않고 나아가 황야와 빈 구렁과 험난한 곳에 가더라도 무서움을 일으키지 않습니다. 또한 물, 불, 사자, 호랑이, 도둑과 왕에 의한 어려움도 없을 것입니다."

그때 부처님께서 마왕 파순에게 말씀하셨다.

"나는 너의 음식 공양은 받지 않겠으나 네가 설한 신주는 이미 받았으니, 그것은 모든 중생과 사부대중을 안락하게 하기 위함이다."

그때 동쪽으로 무량하고 수 없는 아승기 항하사 미진수 세계를 지나가서 불국토가 있는데, 그 이름은 의낙미음(意樂美音)이었다. 그리고 부처님 명호는 허공등여래 응공 정변지 명행족 선서 세간해 무상사 조어장부 천인사 불세존이셨다.

그때 그 부처님께서 제일 큰 제자에게 말씀하셨다.

"선남자야, 너는 지금 서방의 사바세계로 가라. 그 땅에 부처님께서 계시는데 명호는 석가모니 여래 응공 정변지 선서 세간해 무상사 천인사 불세존이시다. 그 부처님 위덕의 힘으로 말미암아 너희들의 몸에 있는 광명이 모두 나타나지 못하는 것이다. 그러므로 너희들은 환희할 것이지 두려운 마음을 품지 말라."

그때 모임 가운데 한 우바새가 있었는데, 구시나성에 사는 기술 좋은 집안의 아들로서 이름이 순타(純陀)였다.

그는 동료 열 다섯 사람과 함께 세간으로 하여금 선과를 얻게 하려고 일신상의 위엄을 버리고 자리에서 일어나 오른 어깨를 벗어 드러내고 오른 쪽 무릎을 땅에 대고 합장하였다.

"세존이시여, 저희들은 이제부터 주인도 없고 어버이도 없으며 구해 줄 자도 없고 보호해 줄 자도 없으며 귀의할 데도 없고 나아갈 데도 없습니다. 가난하고 궁핍하고 굶주리고 곤혹스러울 뿐이니, 여래를 따라 장래의 먹이를 구하여야 합니다.

오직 원하건대 불쌍하게 여기시어 저희들의 이 작은 공양을 받으신 뒤에 반열반에 드십시오."

그때 일체종지를 갖추신 위없는 조어장부이신 세존께서 순타에게 말씀하셨다.

"착하고 착하다. 내가 지금 너의 빈궁함을 제거하고 위없는 法의 비를 네 몸의 밭에 내려 법의 싹이 트게 하겠다. 내가 지금 너에게도 수명과 미모와 힘과 안락과 걸림 없는 변재를 베풀어 주겠다.

순타야, 음식의 보시에 있어 과보의 차별이 없는 두 가지가 있다.

무엇이 두 가지인가?

첫째는 받고서 아뇩다라삼먁삼보리를 얻는 것이고,

둘째는 받고서 열반에 드는 것이다.

나는 지금 너의 마지막 공양을 받고 너로 하여금 단바라밀, 보시바라밀을 구족하게 할 것이다."

"선남자야, 여래는 이미 무량하고 끝없는 아승지수의 겁 이전부터 잡식의 몸 또는 번뇌의 몸이 아니고 또 최후의 끝이 있는 몸이 아니며, 항상하는 몸이요 법신이며 금강의 몸이다.

선남자야, 불성을 보지 못한 이를 이름하여 번뇌의 몸

이고 잡식의 몸이라고 하니, 이는 최후의 끝이 있는 몸이거니와 보살이 그때 음식을 받고는 금강삼매에 들었고 이 음식이 소화된 뒤에는 곧 불성을 보고 아뇩다라삼먁삼보리를 얻었다.

그러므로 '두 가지 보시의 과보가 평등하여 차별이 없다'고 내가 설한 것이다."

그때 순타는 뛸 듯이 기뻐하였으니 마치 어떤 사람의 부모가 졸지에 돌아가셨다가 갑자기 다시 살아나셨을 때처럼 순타도 그와 같이 환희하였다.

그리하여 다시 일어나 부처님께 예배하고 게송(偈頌)을 읊었다.

부처님은 우담화와 같으니
만나 뵙고 믿기가 어렵다지만
만나 뵙고 선한 뿌리 심었으므로
아귀의 괴로움을 영원히 멀리했다.
아수라 종류까지
능히 감소시켰다.
겨자씨를 던져 바늘 끝을 맞추는 것보다
부처님 나시는 일이 더 어렵다.

보시를 구족함으로써

인간과 천신에의 생사를 건넜다.
부처님은 세간법에 물들지 않으니
연꽃이 물 가운데 있는 것 같다.

유정(有情)의 종자마저 잘 단절하여
나고 죽는 물결을 영원히 건넜다.
사람으로 세상에 태어나기도 어렵지만
부처님 세상 만나기는 더욱 어렵다.

큰 바다 속의 눈먼 거북이
떠다니는 나무 구멍을 만나는 것 같다.
내가 지금 바치는 음식으로
위없는 과보 얻기 원하나이다.

"또한 문수사리여, 마치 비유컨대 어떤 가난한 여인이 거주할 집도 없고 구호해줄 사람도 없는데 병고(病苦)까지 더하여 기갈에 핍박 받았습니다. 그리고 거지로 다니다가 어느 객점에서 멈추어 자식을 낳으니, 객점 주인이 쫓아내어 떠나게 하였습니다. 그 길을 가는 도중에 폭풍우를 만나 차가운 고통이 막심한 가운데 모기, 등에, 벌 등의 독충에게 물어 뜯기었습니다. 그리고 항하의 물을 지나야 하기에 아이를 안고 건너게 되었는데 물살이 급한 가운데 아기를 놓치지 않으려다가 모자가 함께 물에 빠졌습니다.

　그러나 **이 여인이 자념(慈念)의 공덕으로 죽어서 범천에 태어났으니 이와 같습니다.** 문수사리여, 만일 어떤 선남자가 정법을 보호하려면 여래(如來)께서 제행과 같다고도, 같지 않다고도 말하지 말아야 합니다. 그리고 다만 스스로 이렇게 책망해야 합니다.

　'내가 지금 어리석어 지혜의 눈이 없으니 여래의 정법이 불가사의하구나.'

　그러므로 여래를 가리켜 결정코 유위(有爲)이다. 결정코 무위(無爲)이다 라고도 말하지 말아야 하니, 만일 정견을 가진 자라면 여래께서는 결정코 무위라고 할 것입니다.

　왜냐하면 중생들에게 선한 법을 일으키게 하면 중생들을 불쌍히 여기는 까닭이니, **저 가난한 여인이 항하를 건너가다 자식을 사랑하여 몸과 목숨을 버리는 것과 같은 까닭입니다.**

　선남자(善男子)여, 법을 수호하는 보살도 그와 같습니다. 몸과 목숨을 버릴지언정 여래께서 유위와 같다고 말해서는 안 되고 마땅히 무위와 같다고 말해야 하니, 무위와 같다고 말하면 아뇩다라삼먁삼보리를 얻는 것이 마치 저 여인이 범천에 태어남을 얻는 것과 같을 것입니다. 왜냐하면 수호한 까닭입니다.

　어떻게 법을 수호하였느냐고 하면, 여래께서 무위와 같다고 말할 것입니다.

선남자여, 이런 사람은 해탈을 구하지 아니하여도 저절로 이루게 되니. 저 가난한 여인이 범천(梵天)에 나기를 구하지 않았지만 범천에 저절로 나게 된 것과 같습니다."

부처님께서 다시 여러 비구들에게 말씀하셨다.
"너희들이 계율(戒律)에 대하여 의심이 있으면 지금 마음대로 물어 보아라. 나는 마땅히 해설하여 너희들을 기쁘게 하겠다.

"세존(世尊)이시여, 저희들은 지혜가 없어 여래 응공 정변지께 능히 여쭐 수 없습니다.
세존이시여, 이를테면 어떤 노인이 나이는 백스무 살인데 몸이 오랫동안 병들어 침상에 누워 마음대로 일어나지도 움직이지도 못하며 기력이 허약하여 남은 수명이 얼마 되지 않습니다.
한 부자가 일이 있어 다른 지방으로 가고자 하여 황금 1백 근을 그 노인에게 맡기고 말했습니다.
'나는 지금 다른 지방으로 가게 되어 이 보물을 당신에게 맡깁니다. 10년 뒤에 돌아오거나 20년 뒤에 내가 다시 돌아오거든 당신은 마땅히 나에게 돌려주시오.'
그때 노인은 곧 바로 그것을 받았으나 그 노인에게는 다시 이어받을 자손이 없었고 그 뒤에 오래지 않아 병이

심해져 죽어버렸고 맡겼던 재물도 모두 잃어버리고 말았
습니다.

그 후에 재물 주인이 돌아왔으나 빌려준 것을 찾을 길
이 없었습니다.

이 어리석은 사람은 맡겨도 될지 어떨지를 요량하지
못하였으므로 돌아와서도 빌려준 것을 찾을 곳이 없었고
그런 인연으로 재산과 보배를 잃어버렸습니다.

세존(世尊)이시여, 저희 성문(聲聞)들도 역시 그러합니
다. 여래의 은근한 가르침을 들었음에도 그것을 수용하
여 지니지 못했기에 그 法을 오래도록 머물지 못하게 했
으니, 마치 노인이 남이 맡긴 것을 받은 것과 같습니
다."

"선남자(善男子)야, 마치 나무로 말미암아 나무 그림자
가 있는 것과 같으니, 여래도 역시 그러하다. 항상한 법
이 있으므로 귀의할 데가 있는 것이니, 이는 무상(無常)
한 것이 아니다. 만일 여래가 무상하다면 여래는 천신들
과 세상 사람들의 귀의할 곳이 아닌 것이다."

가섭보살이 부처님께 말씀드렸다.

"세존이시여, 비유하면 어둠 속에서는 나무가 있어도
그 그림자는 없는 것과 같습니다."

"가섭아, 너는 '나무는 있어도 그림자는 없다'고 말하지
말라. 단지 육안으로 보이는 것이 아닐 뿐이다.

선남자야, 여래도 역시 그러하여 그 성품이 항상 머물

러 바뀌지 않지만 지혜 없는 눈으로는 볼 수 없는 것이니, 마치 어둠 속에서 나무 그림자를 보지 못함과 같다.

  범부(凡夫)가 부처님이 멸도한 뒤에 여래가 무상한 법이라고 말하는 것도 역시 그러하다."

중국 대족석각 열반상

2. 금강신품(金剛身品)의 말씀 중에서

그때 세존께서 다시 가섭에게 말씀하셨다.

"선남자(善男子)야, 여래의 몸은 항상 머무는 몸이고 부서질 수 없는 몸이며 금강(金剛)의 몸이며 잡식(雜食)하지 않는 몸이니 곧 법신이다."

"선남자야, 너는 마땅히 알아야 한다.

곧 여래의 몸은 무량 억겁 동안에 매우 견고하여 부수기 어려운 것이요,

인간과 천신(天神)의 몸이 아니며,

두려워하는 몸이 아니며 잡식하는 몸이 아니다.

여래 몸은 몸이 아니니 이 몸은 생(生)하지도 않고 멸(滅)하지도 않으며 익히지도 않고 닦지도 않은 것이다.

무량(無量)하고 끝이 없고 발자취가 없으며 앎도 없고 형상도 없으며 마침내 청정하여 동요함이 없다.

받음도 없고 행함도 없으며 머묾도 없고 지음도 없으

며 맛도 없고 섞음도 없다.

유위(有爲)가 아니고 업(業)도 아니며 결과도 아니고 행도 아니며 멸함도 아니고 마음도 아니며 마음에 속한 것도 아니며 수(數)도 아니다.

식별이 없으니 떠나기도 하고 마음을 떠나지 않기도 하며 그 마음이 평등하여 없으면서 또한 있다.

가고 옴이 없으나 가고 오기도 하며 깨뜨려 지지도 않고 부수어지지도 않으며 끊어지지도 않고 잘라지지도 않으며 나오지도 않고 멸하지도 않는다.

주인이 아니면서 주인이기도 하고 있음도 아니고 없음도 아니며 사색(각覺)도 아니고 사려(관觀)도 아니다.

글자도 아니고 글자 아님도 아니며 결정된 것도 아니고 결정되지 않은 것도 아니며 볼 수가 없으면서 분명히 보기도 한다.

장소가 없기도 하고 장소가 있기도 하며 집이 없기도 하고 집이 있기도 하며 어둠도 없고 밝음도 없으며 고요함이 없으면서도 고요하기도 한 것이다.

이것은 무소유(無所有)니 받지도 못하고 베풀지도 못하여 청정하여 때가 없으니 다툼도 없애고 다툼을 끊었다.”

"가섭아. 여래 진신(眞身)의 공덕이 그러하니 어찌하여
여러 질환의 괴로움이 있으며 걱정되고 위태하며 견고하
지 못함이 그릇과 같겠는가?

가섭아, 여래가 병의 고통을 나타내는 이유는 중생들을
조복하기 위한 것이다.”

돈황 막고굴 158굴 열반상

3. 명자공덕품(名字功德品)의 말씀 중에서

가섭보살이 부처님께 말씀드렸다.

"세존이시여, 이 경(經)은 무엇이라 이름해야 하며 보살마하살들이 어떻게 받들어 지녀야 합니까?"

부처님께서 말씀하셨다.

"가섭아, 이 경의 이름은 대반열반이니 처음 말도 선하고 가운데 말도 선하고 아랫말도 선하다. 의미가 깊고 그에 맞추어 문장도 좋으며 순일하게 청정한 범행(梵行)을 구족하였다.

금강보장(金剛寶藏)은 충족되어 모자라는 일이 없다. 너는 지금 자세히 들으라. 내가 이제 마땅히 말하겠다.

선남자야, 대(大)라고 말하는 것은 항상하다는 것을 이름한 것이니, 마치 여덟 큰 하천[3]이 큰 바다에 들어가는 것과 같다. 이 경도 그와 같아서 모든 결박들과 번뇌와 악마의 성품을 항복받고 그런 뒤에 대반열반에서 몸과 목숨을 버리는 것이니, 그러므로 대반열반이라 이름

---

3) 8대 하천: ①항하 ②염마라 ③살라 ④아리라발제 ⑤마하 ⑥신두 ⑦박차 ⑧실타

한다.

선남자야, 마치 어떤 의사(醫師)가 한 가지 비방이 있어 그것이 모든 의술과 방법을 모두 포함하는 것과 같다. 여래도 그와 같아서 설하였던 여러 가지 미묘한 법의 비밀하고 심오한 법장의 문이 모두 대열반에 들어가니 그러므로 이름하여 대반열반이라 한다.

선남자야, 비유하면 농부가 봄에 씨를 뿌리고 항상 무언가 희망하다가 과일과 열매를 거두게 되면 온갖 희망이 모두 쉬듯이, 선남자야 모든 중생도 역시 그러하다.

다른 경전을 익히고 배울 적에는 항상 재미있을 것을 희망하지만, 이 〈대반열반경〉을 듣고 나서는 다른 경에서 재미있을 것을 희망하던 것이 영원히 끊어지니, 이 대반열반은 중생들로 하여금 모든 유(有)의 물결에서 벗어나게 하는 것이다.

선남자야, 모든 자취(自取) 중에는 코끼리의 자취가 제일이듯이 이 경도 그와 같아서 모든 경전의 삼매 중에 최상이며 제일이다."

4. 여래성품(如來性品)의 말씀 중에서

그때 가섭보살이 부처님께 말씀드렸다.

"세존이시여, 부처님께서 말씀하셨듯이 여러 부처님 세존에게는 비밀장이 있다 하였으나 그 의미는 그렇지 않습니다. 왜냐하면 모든 부처님 세존은 비밀한 말씀만 있지 비밀장(祕密藏)은 없는 것입니다.

비유하면 환술사가 기관을 장치하여 만든 나무 사람과 같습니다. 그 나무 사람이 구부리고 펴고 쳐다보고 내려다보는 것이 사람들과 같으니, 그 나무 사람이 구부리고 펴고 쳐다보고 내려다보는 것을 사람들이 비록 지켜보지만 그 속에 어떤 일이 있는지는 알지 못하는 것과 같습니다.

그러나 부처님 법은 그렇지 아니하여 중생들로 하여금 모두 보고 알 수 있게 하시니, 어찌하여 모든 부처님. 세존께 반드시 비밀장이 있다고 말할 수 있겠습니까?"

부처님께서 가섭을 칭찬하셨다.

"훌륭하고 훌륭하다. 선남자야, 너의 말과 같이 여래에게는 실로 비밀장이 없다. 왜냐하면 가을의 보름달이 허공에 뚜렷이 드러났을 때에 청정하여 가리는 것이 없음을 사람들이 모두 다 본다.

여래의 말도 역시 그러하여 열려 나와 있고 뚜렷이 드러나 있고 청정하여 가리는 것이 없다. 어리석은 사람이 알지 못하여 비밀장이라고 일컫지만 지혜로운 이는 뚜렷이 통달하여 감춰진 것이라고 이름 하지 않는다."

"선남자야, 비유하면 어떤 장자가 외아들을 두고 마음으로 항상 떠올리고 그리워하고 사랑하였다. 스승에게 보내어 학문을 배우게 하려다가 빨리 성취하지 못할까 염려하여 도로 데려왔다.

그런데 사랑하는 까닭에 밤낮으로 은근히 가르쳤으나 반쪽 글자(半字)만 가르쳤을 뿐 비가라론(毘伽羅論: 문법)은 가르치지 못하니, 왜냐하면 나이가 어려서 감당하지 못할까 두려워하는 까닭이다.

선남자야, 그 위대한 장자는 여래를 일컫는다.
그리고 외아들이라 말한 것은 모든 중생을 비유한 것이니,
여래는 모든 중생을 외아들과 같다고 여기는 것이다.
외아들을 가르친다는 것은 성문 제자를 일컫고, 반쪽 글자는 아홉 종류의 경전을 일컫는 것이다. 비가라론이

란 것은 방등(方等)과 같은 대승경전을 일컫는 것이다."

"또한 선남자야, **비유하면 여름철에는 큰 구름과 우레가 일어나고 큰 비가 내리면 농부들로서 씨를 심은 자는 열매를 많이 거둘 것이고 씨를 심지 않은 자는 수확할 것이 없는 것과 같다.**

그런데 수확하지 못하는 것은 용왕이 인색하기 때문이 아니니, 용왕에게는 역시 감추는 것이란 없다.

여래인 나도 지금 역시 그러하여 큰 법의 비인 대열반경을 내리는데, 만약 모든 중생들로서 선한 종자를 심은 자라면 지혜의 싹과 열매를 수확하고 선한 종자가 없는 자는 수확할 것이 없다.

그러나 수확하지 못하는 것은 여래의 허물이 아니니 부처님 여래께서는 실로 감추는 것이 없다."

"열반(涅槃)이라고 말하는 것은 상처가 나거나 헌 데가 결코 없다는 의미이다.

선남자야 비유하면 어떤 사람이 독한 화살을 맞고 많은 고통을 받고 있는데, 좋은 의사를 만나 독화살을 빼고 미묘한 약을 발라서 고통을 떠나고 안락함을 받게 한다. 그 의사가 다시 다른 성읍이나 여러 취락으로 다니면서 병환의 고통이 있고 상처 나고 헌 데가 난 자가 있는 곳을 찾아다니면서 온갖 괴로움을 치료하는 것과 같다.

선남자야, 여래도 역시 그러하여 등정각을 이루고 위대한 의왕이 되어 염부제에서 고뇌하는 중생들이 무량한 겁 동안에 음욕과 분노와 어리석음 등의 번뇌의 화살을 맞고 끊어지는 듯한 큰 고통을 받는 것을 보고 이들을 위하여 대승경전의 감로 법약(法藥)을 설하여 이것을 치료한다.

그리고 다시 다른 곳으로 다니면서 여러 번뇌의 독화살이 있는 곳에서 부처를 이루고 드러내 보여 병을 치료하니, 그러므로 대반열반이라고 이름 하는 것이다."

"대반열반은 해탈처를 이름하는 것이니, 조복 받을 중생이 있는 곳을 따라서 여래도 그곳에서 드러내 보이는 것이다.

또한 해탈은 끓는 듯한 핍박이 없는 것을 이름한다. 비유하면 봄에는 따뜻해 하고 여름날에는 단 것을 먹고 겨울날에는 추위를 느끼는 것과 같다.

참된 해탈 가운데는 이렇게 마음에 맞지 않는 일이 없으니, 끓는 듯한 핍박이 없음은 참된 해탈에 비유되고 참된 해탈이 곧 여래이다. 또한 끓는 듯한 핍박이 없다는 것은 **비유하면 어떤 사람이 생선과 고기를 배부르게 먹고 우유를 마신다면 이 사람은 죽음에 가까워 멀지 않은 것**

이니 참된 해탈에는 그러한 일이 없다. 이 사람이 만일 감로의 양약을 얻으면 걱정하는 것을 제거할 수 있을 것이니 참된 해탈도 역시 그러하다.

여기서 감로의 양약이 참된 해탈에 비유되고 참된 해탈이 곧 여래이다.

어떤 것을 끊는 듯한 핍박이라 하며 또한 끊는 듯한 핍박이 아니라 하는가? 비유하면 범부(凡夫)가 아만심(我慢心)을 지녀 스스로를 높인다. 그리하여 모든 무리들 중에 자신을 해칠 자가 없다고 생각하면서 독사나 호랑이 또는 독충을 손으로 붙잡는다면 이 사람은 자신의 수명이 다하기 전에 횡사할 것을 마땅히 알아야 한다.

그러나 참된 해탈에는 그러한 일이 없다."

부처님께서 가섭에게 말씀하셨다.

"선남자야, 이 경은 내가 반열반한 뒤 사십년쯤 동안에 염부제(閻浮提)에 널리 유포되다가 그 뒤에는 땅 속으로 숨어버릴 것이다.

선남자야, 마치 감자, 멥쌀, 석밀, 우유, 소(酥), 제호 등이 있는 곳에서 그곳의 백성들은 모두 그것이 맛좋은 것이며, 맛좋은 것 중에서도 제일이라 할 것이다. 그러나 어떤 사람들은 오로지 좁쌀이나 돌피씨(稗子)만 먹으면서도 역시 말하기를 자신이 먹은 것이 최상의 것이고 제일이라고 말할 것이다.

이 박복한 사람은 업보를 받은 결과가 그렇기 때문이다. 그리고 앞서의 복 있는 사람은 좁쌀이나 돌피씨는 이름도 듣지 못하고 오직 멥쌀, 감자, 석밀, 제호만 먹을 것이다. 이 대열반의 미묘한 경전도 역시 그러하다.

둔한 근기를 지닌 자들은 박복하여 듣기를 좋아하지 않으니, 그것은 마치 박복한 사람이 멥쌀이나 석밀 등을 싫어하는 것과 같다. 이승(二乘)의 사람들도 역시 그러하여 위 없는 〈대반열반경〉을 싫어할 것이다.

한 중생이 이 경전 듣는 것을 달게 여기고 좋아하며 듣고는 환희하여 비방하는 마음을 일으키지 않는 것은 저 복 있는 사람이 멥쌀을 먹는 것과 같은 것이다."

"선남자야, 어떤 왕이 험악한 깊은 산속에 거처하면서 감자, 멥쌀, 석밀이 있지만 얻기 어려우므로 쌓아둔 채 아끼고 탐착하면서 감히 먹지 아니하고 그것이 떨어질까 두려워 좁쌀과 돌피씨앗만 먹었다.

다른 나라 왕이 그 소문을 듣고 불쌍하게도 생각하고 우습게도 생각하여 수레에 멥쌀과 감자 따위를 실어 보내었다. 그 왕은 받아서 온 나라에 나누어 함께 먹도록 하였다. 백성들이 그것을 먹고 모두 환희하며 '저 나라 왕의 덕분으로 우리들이 이토록 매우 드문 음식을 먹었다'고 말할 것이다.

보살들이 이 경을 얻고는 곧 다른 사람에게 널리 연설

하니 무량한 대중으로 하여금 이러한 대승법의 맛을 수용하게 하였다.

이것은 모두 이 한 보살의 힘으로 듣지도 못하던 경전을 모두 듣게 한 것으로서 저 나라 사람들이 왕의 힘으로 매우 드문 음식을 먹게 된 일과 같은 것이다.

또한 선남자야, 이 대열반의 미묘한 경전이 유포되는 장소가 있다면 그 장소가 곧 금강(金剛)이고, 그 속에 있는 모든 사람들도 금강임을 마땅히 알아야 한다.

그러한 경을 듣는 자는 아뇩다라삼먁삼보리에서 물러나지 아니할 것이고, 그 소원에 맞추어 모두 성취하게 되니, 오늘 내가 선언하는 것과 같을 것이다."

"만일 나의 성문 제자들도 제일 드문 일을 행하려거든 마땅히 세간(世間)을 위하여 그러한 대승경전을 자세히 널리 설해야 할 것이다.

선남자야, **비유하면 안개와 이슬이 아무리 세력이 있다 하더라도 해 뜰 때를 지나 머물 수는 없는 것이니, 해가 뜨면 할 수 없이 소멸되어 없어지는 것과 같다.**

선남자야, 모든 중생들이 지닌 악업(惡業)도 역시 그러하여 세상에 머물러 있는 세력이 있다 해도 대열반의 태양을 볼 때까지이니, 그 태양이 뜨면 모든 악업이 모두 제거되고 소멸하게 된다.

또한 선남자야, 어떤 사람이 출가하여 머리를 깎고 비

록 가사를 입었으나 아직 사미의 십계4)를 받지 못하였
는데, 어떤 장자가 와서 승단의 대중을 초청하면 수계
(戒)를 받지 못한 자도 대중과 함께 그 초청을 받아들이
게 된다. 그것은 계(戒)는 비록 받지 못하였으나 승단의
범주에 들어가기 때문이다."

"선남자야, 비유하면 어떤 국왕이 병을 만나 죽었는데
아들은 어려서 아직 그 왕의 책임을 계승할 수 없었다.
그런데 한 전다라는 재물과 보배가 풍요한 거부로서 권
속도 무량하게 많았다. 스스로의 강한 세력으로써 나라
가 허약해진 틈을 타서 왕의 자리를 강제로 빼앗았다.
그렇게 나라를 다스린 지 얼마 되지 않아 그 나라의
거사와 바라문 등이 배반하기도 하고 다른 나라로 멀리
도망가기도 하고 비록 나라에 남아 있는 자들도 나아가
그 왕을 눈으로 보려고 하지 않았다.
또는 어떤 장자와 바라문(婆羅門) 등은 본래의 땅을 떠
나지 않았으니, 마치 나무가 자신이 태어났던 바로 그
자리에서 죽으려는 것과 같이 하였다.
이에 전다라(旃茶羅) 왕은 그 나라 사람들이 배반하고
도망하여 가는 줄을 알고 그 무리를 찾아 돌아오게 하고

4) 십계十戒: ①살생하지 말라 ②훔치지 말라 ③음행하지 말라 ④거짓
말하지 말라 ⑤술먹지 말라 ⑥향기 나는 것 바르지 말라 ⑦노래하
고 춤추고 구경도 하지 말라 ⑧높고 넓은 큰 평상에 앉지 말라 ⑨
제때가 아니면 먹지 말라 ⑩금·은·보석 가지지 말라

자 전다라들을 보내 길을 지키어 막게 하였다. 또한 칠일 후에는 북을 치고 소리를 지르면서 모든 바라문들에게 명령하였다.

'누군가 능히 나를 위하여 정수리에 물을 부어주는 스승에게는 마땅히 나라의 반을 나누어 상으로 주겠다.'

바라문들이 이 말을 들었으나 한 사람도 오지 아니하고 각각 이렇게 말하였다.

'그러한 일을 할 바라문이 어디 있겠느냐?'

이에 전다라왕이 다시 이렇게 말하였다.

'바라문들 중에 나의 스승이 되어 주는 자가 한 사람도 없으면 나는 요컨대 마땅히 바라문들을 끌어다가 전다라들과 함께 거주하며 먹고 자고 일을 같이하도록 만들겠다. 만일 내 정수리에 물을 부으러 오는 자가 있으면 나라의 반을 나누어 상으로 내려 주겠다는 나의 말은 빈말이 아닐 것이다. 주술을 부려서 이르게 할 삼십삼천의 미묘한 감로의 불사약을 나누어서 그것도 함께 먹을 것이다.'

그때 한 바라문 동자가 있었는데 약관의 나이에 깨끗한 행으로 스스로를 닦고 다스릴 줄 알았으며, 긴 머리를 특징으로 하고 주술을 잘 알았다.

그가 왕에게 가서 말하였다.

'대왕이여, 왕께서 시키시는 바를 제가 모두 능히 하겠습니다.'

그때 대왕은 환희심을 일으키고 이 동자의 말을 받아들여 정수리에 물을 붓는 스승으로 삼았다.

모든 바라문들이 그 소문을 듣고서 모두 화를 내면서 그 동자를 꾸짖었다.

'네가 바라문으로서 어찌하여 전다라의 스승이 되느냐?'

그때 그 왕은 나라의 반을 나누어서 동자에게 주고 나라 일을 함께 다스리고 경영하며 여러 해가 지났다.

그러다가 어느 때에 동자가 왕에게 말하였다.

'저는 바라문 가문의 법을 버리고 와서 왕의 스승이 되었습니다. 그리고 미세하고 비밀한 주문을 왕에게 가르쳤는데 지금도 대왕은 친밀하게 보이지 않는 듯합니다.'

그때 왕이 대답하여 말했다.

'어찌하여 내가 그대를 친밀하게 대하지 않겠느냐?'

동자가 답하였다.

'선왕께서 지니고 계시던 불사약(不死藥)을 아직 함께 먹지 아니하였습니다.'

왕이 말하였다.

'좋다, 좋다. 대사여, 나는 그것에 대해 실로 알지 못하니 대사는 필요한 대로 원하는 대로 가져가시기를 원하오.'

그때 동자는 왕의 말을 듣고 나서 곧 그것을 취하여

집으로 돌아가서 모든 대신들을 청하여 함께 그것을 먹었다. 신하들이 먹고 나서는 함께 왕에게 말하였다.

'유쾌한 일입니다. 대사에게는 그 감로약이 있습니다.'

왕은 그런 일을 알고 나자 스승에게 말하였다.

'대사는 어째서 대신들 하고만 감로약(甘露藥)을 나누어 먹고 내 것은 남겨 놓지 않았느냐?'

그때 동자는 다른 독약이 섞인 약을 왕에게 주어 복용하게 하였다. 그러자 왕은 그 약을 먹고 잠깐 사이에 독약이 발작하여 정신을 잃고 땅에 쓰러져 알지 못하고 느끼지도 못하였으니, 죽은 사람과 같았다.

그때 동자는 전(前) 왕의 태자를 다시 세워 왕을 삼고 말하였다.

'왕의 자리에 관련된 법에 입각하면 그 자리에는 결코 전다라가 올라가서는 안 된다. 나는 옛날부터 아직 전다라가 왕이 된다는 것을 듣지도 보지도 못하였다. 전다라가 나라를 경영하고 백성을 다스린다는 것은 결코 있을 수 없다. 당신께서는 이제 마땅히 돌아가 선왕의 정법을 계승하여 나라를 다스리십시오.'

그때 동자는 그렇게 경영하고 다스리고 난 뒤 다시 해독약을 전다라에게 먹여 깨어나게 하였다. 그런 뒤에 나라에서 내쫓아 버렸다. 그때 동자는 비록 그러한 일을 하였지만 그 때문에 바라문의 법을 잃지 아니하였던 것이다.

다른 거사(居士)나 바라문(婆羅門) 등이 그러한 일을 듣고는 일찍이 없었던 마음을 일으켰다. 그리하여 '훌륭하고 훌륭하다. 그대가 능히 전다라왕을 잘 쫓아버렸다'고 찬탄하였던 것이다.

선남자야, 내가 열반한 뒤에 정법을 보호하고 유지할 보살 등도 역시 그러하여 방편의 힘으로써 계율을 파괴한 자 또는 이름만 빌린 자 또는 모든 부정한 물건을 받아서 쌓아 두는 승단과 그 사업을 공동으로 한다.

그때 만일 어떤 사람이 비록 계율(戒律)을 많이 범하였지만 그것이 금기를 훼손하는 많은 악한 비구들을 다스리기 위한 것인 줄을 보살들이 보았다면 곧 그에게 가서 공경하고 예배하고 네 가지 일로 공양해야 한다.

그리고 경서(經書)와 필요한 물건을 모두 받들어 올려야 하며 그것이 자기에게 없다면 마땅히 방편을 필요로 하니, 모든 단월로부터 구하고 빌려서라도 제공하여야 한다.

그러한 일을 위하기 때문이라면 여덟 가지 부정한 물건도 마땅히 저축할 만한 것이다. 왜냐하면 이 사람은 악한 비구들을 다스리려고 하는 것이니, 마치 동자가 전다라를 몰아내고자 한 일과 같기 때문이다.

그때 보살(菩薩)들이 비록 그러한 사람에게 공경하고 예배하며 여덟 가지 부정한 물건을 받아 쌓더라도 모두 죄가 없다.

왜냐하면 이 보살이 모든 악한 비구들을 배척하고 다스리고자 하는 것이며, 청정한 승단으로 하여금 안온히 머물게 하기 위한 것이며 또한 방등(方等)의 대승경전을 유포하여 일체의 모든 천신과 인간들을 이익되도록 하고자 한 것이 그 까닭이기 때문이다.

선남자야, 그러한 인연으로 내가 경전에서 그러한 두 게송을 말하였으니, 모든 보살들로 하여금 모두 함께 법을 수호하는 사람을 찬탄하라 한 것이다. 그것은 저 거사와 바라문 등이 동자에 대해 '훌륭하고 훌륭하다'라고 찬탄하는 것과 같다.

법을 수호하는 보살도 마땅히 바로 그러하다.

만일 법을 수호하려는 자가 계율을 파괴한 자와 함께 일을 하는 것을 보고 누구든지 그가 죄가 있다고 설한다면, 그렇게 설한 사람이 스스로 재앙을 받을지언정 법을 수호하는 사람은 실제로 죄가 없다."

"부처님께서 말씀하신 것과 같이 이 비구들은 마땅히 네 가지 법에 의지해야 합니다. 무엇이 네 가지인가 하면,

1. 법에 의지해야 하고 사람에게 의지해서는 안 되는 것입니다.
2. 의미에 의지해야 하고 말에 의지해서는 안 되는 것입니다.

3. 지혜에 의지해야 하고 식별에 의지해서는 안 되는 것입니다.

4. 요의경(了義經)에 의지해야 하고 불요의경(不了義經)에 의지해서는 안 되는 것입니다."

"설산에 어떤 풀이 있는데 그 이름이 비니(肥膩)이다.

만일 소가 먹으면 순전한 제호를 얻게 되니 푸르고 누렇고 붉고 희고 검은 색이 없다. 단지 곡식이나 풀의 인연으로 그 우유의 색과 맛이 달라진다.

이 모든 중생들에게는 명과 무명 업을 인연으로 두 가지 모습이 생기는 것이니, 만일 무명(無明)이 전환하면 변하여서 명(明)이 되는 것이며, 모든 법들의 선한 것과 선하지 못한 것 등도 역시 그러하여 두 가지 모습이 없느니라.

선남자야, 이 소가 풀을 먹은 인연으로 피가 변하여 하얗게 된다. 그리고 풀과 피가 없어진 뒤 중생의 복력(福力)이 변하여서 우유가 성취된다.

이 우유가 비록 풀과 피로부터 나오지만 두 가지라고 말할 수 없다.

오직 인연으로부터 생한다는 이름을 얻을 뿐이다."

"또 선남자야, 비유(譬喩)하면 다음과 같다.

사람들이 달이 나타나지 않은 것을 보고는 모두 달이 없어졌다고 말하고 없어졌다는 생각을 하지만, 달의 성품은 참으로 없어진 것이 아니다.

달이 돌아가서 다른 지방에 뜰 때 그 지방 중생들이 다시 달이 떴다고 일컫지만 달의 성품은 참으로 나는 일이 없다. 왜냐하면 수미산이 가려서 나타나지 못할망정 달은 항상 생하여 있는 것이고 났다 없어졌다 하는 것이 아니기 때문이다.

여래(如來) 응공(應供) 정변지(正遍知)도 역시 그러하다. 여래가 삼천대천세계에 나타나 혹은 염부제에서 부모가 있음을 드러내게 되면 중생들은 모두 '여래가 염부제 안에서 나셨다'고 말한다.

혹은 염부제에서 열반을 드러내 보이지만 여래의 성품에는 진실로 열반이 없다. 하지만 모든 중생들은 모두 여래가 진실로 반열반에 들었다고 말하니, 비유하면 달이 없어졌다고 하는 것과 같다.

선남자야, 여래 성품에는 실로 생멸이 없건만 중생을 교화하기 위한 까닭에 생멸(生滅)을 보인 것이다."

"또 선남자야, 비유하면 다음과 같다.

뭇별들이 낮에는 나타나지 않는데 이를 두고 사람들이 모두 '낮에는 별이 소멸한다'고 말하지만 실제로는 소멸하지 않은 것과 같다. 그것이 나타나지 않는 것은 태양빛이 비치기 때문이다.

여래도 역시 그리하여 성문 또는 연각은 볼 수 없으니, 비유하면 세간 사람들이 낮에는 별을 보지 못하는 것과 같다.

또 선남자야, 비유하면 다음과 같다.

어둡고 캄캄할 때 해와 달이 나타나지 않으면 어리석은 범부들은 해와 달이 소멸했다고 한다. 그러나 실로 해와 달은 소멸하지 않은 것과 같다.

여래의 정법이 멸진할 때에 삼보가 나타나지 아니함도 역시 그리하여 영원히 소멸하는 것이 아니다.

그러므로 마땅히 알아야 하니, 여래는 상주하여 영원히 소멸하는 것이 아니다.

그러므로 마땅히 알아야 하니, 여래는 상주하여 뒤바뀌지 않는다고 알아야 한다.

왜냐하면 삼보의 진실한 성품은 어떤 모든 때(垢)로도 더럽힐 수 없기 때문이다."

"또 선남자야, 비유하면 **연꽃이 햇볕에 비추이게 되면 피지 않는 것이 없듯이 모든 중생도 역시 그리하다. 대열반의 해를 보고 듣게 되면 마음을 일으키지 못한 사람들도 모두 빠짐없이 마음을 일으켜서 보리의 원인이 된다. 그러므로 나는 '대열반의 빛이 털구멍에 들어가면 반드시 미묘한 원인이 된다'고 설하는 것이다.**

일천제는 비록 불성이 있더라도 무량한 죄업에 얽혀 있다. 그리하여 나오지 못하는 것이 **마치 누에가 고치 속에 들어 있는 것과 같다. 이러한 업의 인연으로 말미암아 보리의 미묘한 원인을 일으키지 못하고 생사에 유전하면서 끝이 없다.**"

"선남자야, 여래의 비밀한 말씀은 매우 깊고 알기 어렵다.

비유하면 다음과 같다. 한 대왕이 여러 군신들에게 선타바(先陀婆)를 가져오라고 하였다. 선타바는 이름은 하나였으나 실물은 넷이니,

첫째는 소금이고,

둘째는 그릇이고,

셋째는 물이고,

넷째는 말이다.

이러한 네 가지 법(法)을 모두 같은 이름으로 부르는 것이다.

지혜 있는 신하는 이러한 이름을 잘 알아서 만일 왕이 무언가를 씻으려 하면서 선타바를 찾으면 즉각 물을 받들어 올린다. 만일 왕이 식사하면서 선타바를 찾으면 즉각 소금을 받들어 올린다. 만일 왕이 식사를 마치고 장차 물을 마시려 하면서 선타바를 찾으면 즉각 그릇을 받들어 올린다. 그리고 만일 왕이 유람을 떠나려 하면서

선타바를 찾으면 즉각 말을 받들어 올린다.

이처럼 지혜 있는 신하(臣下)는 왕이 지닌 네 가지 비밀한 말을 잘 알듯이 이 대승경전도 역시 그러하다. 네 가지 무상이 있으니, 대승의 지혜 있는 신하는 마땅히 잘 알아야 할 것이다."

"선남자야, 비유하면 다음과 같다. 장자 또는 장자의 아들이 젖소를 많이 길렀는데, 그 소들은 갖가지 빛깔을 띠고 있었다.

항상 어떤 사람을 시켜 지키고 기르게 하였는데, 그 사람이 어느 때 제사를 지내기 위하여 모든 소의 젖을 모두 짜서 한 그릇 속에 담았다.

그런데 우유의 색깔이 같은 흰 색임을 보고 문득 크게 놀랐다. 그리하여 '소의 색깔이 각각 다른데 그 우유는 어찌하여 모두 같은 색깔일까?'라고 생각하였다.

이렇게 생각하던 그 사람은 모든 것이 중생들의 업보를 인연으로 하니, 그 때문에 우유 색이 하나임을 알았다.

선남자야, 성문과 보살도 역시 그러하다. 그들의 불성이 동일한 것은 비유하면 그 우유와 같다."

"또 선남자야, 비유하면 금광석을 다듬고 제련하여 모든 쇠똥과 찌꺼기를 없애고 녹인 뒤에는 금이 이루어지는데, 그때의 가치는 무량한 것과 같다."

5. 일체대중 소문품(一切大衆所問品)의 말씀 중에서

그때 세존(世尊)께서 입으로 푸른색, 노란색, 붉은색, 흰색, 분홍색, 자주색 등 갖가지 색의 광명을 놓아 방출하여 순타의 몸을 비추었다. 순타는 광명과 만나고 나서 모든 권속들과 더불어 여러 가지 음식을 가지고 부처님 계신 곳으로 빨리 나아갔다.

"순타야, 만일 비구 및 비구니 또는 우바새, 우바이로서 추악한 말을 하여 정법을 비방하거나 그러한 무거운 업을 짓고도 영원히 뉘우치지도 고치지도 아니하며 마음으로 부끄러워하지도 미안해하지도 않으면 그러한 사람을 이름하여 '일천제'의 길로 나아간다고 한다."

"그리고 사중(四重)5)을 범하거나 오역죄(五逆罪)6)를 짓고 스스로 그러한 죄를 지었음을 안다. 그러한 중대한 일이 있은 뒤에도 처음부터 두렵거나 무서워하지 않고

---

5) 사중四重: ①대음 ②대도 ③대살 ④대망어
6) 오역죄五逆罪: ①살부 ②살모 ③아라한 죽임 ④승가화합 깨뜨림 ⑤ 불상탑 파손자

부끄러워하거나 미안해하지도 않으며 긍정하지도 드러내지도 않는다.

그리하여 부처님의 정법을 영원히 보호하고 아끼고 건립할 마음은 조금도 없으며 훼방하고 경시하고 천대하며 말에 허물이 많은 자가 있으니, 그러한 사람들도 이름하여 '일천제'의 길로 나아간다고 한다.

또한 만일 불, 법, 승이 없다고 말하면 그러한 사람도 이름하여 '일천제'의 길로 향한다고 한다.

이러한 일천제의 무리를 제외하고는 그 나머지에게 보시하는 것은 모두가 찬탄할 일이다."

"선남자(善男子)야, 비유하면 다음과 같다. 어떤 여인(女人)이 아기를 배어 곧 출산(出産)할 지경에 이르렀는데, 나라에 흉년이 들고 난리가 나서 다른 국토로 도주해 갔다.

그러다 천신(天神)을 모시는 어느 사당에서 아기를 낳았는데, 그 뒤에 자기 나라가 안정되고 풍요롭게 되었다는 말을 들었다. 그리하여 아기를 데리고 본래의 땅으로 돌아오고자 하였다.

그러던 중도에 하수(河水)를 만났는데, 폭류를 이루어 물살이 급해 그 아이를 업고서는 능히 건널 수가 없었다. 이에 여인(女人)은 스스로 '내가 정녕 한 곳에서 함께 죽을지언정 아이를 버리고 혼자 건널 수는 없다'고 생각하였다.

그렇게 생각하고 난 다음에 모자(母子)가 함께 목숨을 마쳤는데, 죽은 뒤에 마침내 천상에 태어났다. 그것은 아이를 사랑하여 함께 건너려 한 까닭이니, 그 여인의 성품이 본래 폐악하였지만 아이를 사랑한 까닭에 천상에 난 것이다.

사중금과 오무간죄(五無間罪)를 범하고도 법을 수호하려는 마음을 일으키는 경우도 역시 그러하다. 먼저는 비록 선하지 못한 업(業)을 지었더라도 법(法)을 보호하려는 까닭에 세간의 위없는 복전이 되는 것이니, 법을 수호하면 이와 같이 무량한 과보가 있게 된다."

6. 현병품(現病品)의 말씀 중에서

그때 가섭보살이 부처님께 말씀드렸다.

"세존이시여, 여래께서는 모든 질병을 면하시고 나서 걱정과 고통을 제거하여 다시는 두려워하지 않으십니다.

세존이시여, **일체 중생들에게 네 가지 독화살은 병의 원인이 됩니다. 그 네 가지란 탐욕, 성냄, 어리석음, 교만입니다.**

만일 병의 원인이 있으면 병이 생길 것입니다. 곧 애정과 열기로 생기는 폐병, 상기되어 구토하는 병, 피부가 가려운 것, 가슴이 답답한 것, 설사, 재채기, 트림, 오줌소태, 눈병, 귓병, 동통, 배가 부르고 속이 거북한 것, 정신 이상, 소갈증, 헛것이 보이는 것들입니다.

이와 같이 갖가지 몸과 마음의 온갖 병을 여러 부처님 세존께서는 모두 소멸하셨습니다. 그런데 여래께서는 오늘 무슨 인연(因緣)으로 문수사리보살에게 '**오늘 내가 아프니, 너희들이 마땅히 대중을 위하여 법을 설하라**'고 말씀하십니까?

세존께서는 실로 병이 없으신데 어찌하여 고요히 오른

쪽 옆으로 누워 계십니까?"

"가섭아, 나는 지금 실로 모든 질병이 없다. 왜냐하면 부처님 세존들은 오래전부터 모든 병을 멀리 여의었기 때문이다. 또 가섭아, 여러 중생들이 대승방등의 비밀한 교법을 알지 못하기에 여래에게 진실로 병이 있다고 말하는 것이다.

가섭아, 여래를 인간 중의 사자라고 말하지만 여래는 실로 사자가 아니다. 이 말이 여래의 비밀한 교법이다.

가섭아, 여래를 인간 중의 큰 용이라고 말하지만 나는 이미 무량한 겁 동안에 이 업을 버렸다.

가섭아, 여래(如來)를 인간(人間)과 천(天)이라 말하지만 나는 진실로 인간도 천도 아니다. 또 귀신도 건달바도 아수라도 가루라도 긴나라도 마후라가도 아니다.

나도 아니고 수명도 아니고 기를 수 있는 것도 아니고 인간의 스승도 아니다.

지음도 아니고 짓지 않음도 아니다. 받음도 아니고 받지 않음도 아니다.

세존도 아니고 성문도 아니고 말하는 것도 아니고 말하지 않는 것도 아니다. 이 말들이 모두 여래의 비밀한 교법(敎法)이다.

가섭아, 여래를 큰 바다나 수미산왕과 같다고 하지만 여래는 실로 짠맛도 아니고 돌산도 아니다. 이 말도 역시 여래의 비밀한 교법이다.

가섭아, 여래를 분타리(연꽃)라 말하지만 나는 실로 분타리가 아니다. 이 말이 곧 여래의 비밀한 교법이다.

가섭아, 여래를 부모와 같다고 하지만 여래는 실로 부모가 아니다. 이 말도 여래의 비밀한 교법이다.

가섭아, 여래를 큰 뱃사공이라 하지만 여래는 실로 뱃사공이 아니다. 이 말도 여래의 비밀한 교법이다.

가섭아, 여래를 장사의 주인 같다고 하지만 여래는 실로 장사의 주인이 아니다. 이 말도 여래의 비밀한 교법이다.

가섭아, 여래가 마군을 꺾어 항복시킨다 하지만 여래는 실로 악한 마음으로 그들을 항복시키려고 하지 않는다. 이 말도 여래의 비밀한 교법이다.

가섭아, 여래가 등창을 치료한다 하지만 나는 실로 등창을 치료하는 의원이 아니다 이 말도 여래의 비밀한 교법이다.

가섭아, 내가 먼저 말하겠다.

'만일 **선남자나 선여인이 몸과 입과 마음으로 짓는 업을 잘 닦는다면**, 목숨을 버렸을 때 친척들이 그 송장을 가져다가 불태우거나 강물에 던지거나 공동묘지에 버릴 것이다. 그러면 여우나 이리나 새나 짐승이 다투어 뜯어먹더라도 **마음과 의지와 의식은 좋은 곳에 태어날 것이다.**'

이 말도 여래(如來)의 비밀(祕密)한 교법(敎法)이다.

가섭아, 내가 지금 병났다고 말하는 것도 이와 같아서 여래의 비밀한 교법이다. 그러므로 문수사리에게 부촉하기를, '**내가 지금 등이 아프니, 그대들이 사부대중을 위하여 법을 설하라**'고 한 것이다.

가섭아, 바르게 깨달은 여래는 진실로 병이 있어서 오른쪽 옆구리로 누운 것이 아니며, 반드시 열반(涅槃)에 들 것도 아니다.

가섭아 이 대열반(大涅槃)은 곧 여러 부처님들의 깊고 깊은 선정이다. 이런 선정은 성문이나 연각이 행할 곳이 아니다.

가섭아, 그대가 먼저 묻기를 '여래께서는 어찌하여 기대어 누우셔서 일어나지 않으시고, 음식도 찾지 않으시고 권속들에게 살림살이를 보살피라고 하지 않으십니까?'라고 하였다.

가섭아, 허공의 성품도 앉거나 눕거나 음식을 찾거나 권속에게 살림살이를 살피라고 하지 않는다.

오고 감도 없이 태어남과 멸함과 늙음이 나타나면 파괴하여 번뇌의 얽매임에서 해탈하기도 한다. 스스로 말하지도 않고 다른 이에게 말하지도 않고, 스스로 풀지도 않고 다른 이를 풀어주지도 않으며, 편안한 것도 아니고 병난 것도 아니다. 선남자야, 여러 부처님 세존도 그와 같으셔서 허공과 같다."

7. 성행품(聖行品)의 말씀 중에서

"가섭아, 어떤 것이 보살마하살이 수행해야 하는 거룩한 행인가?

선남자야, 비유하면 어떤 사람이 구명부대를 몸에 달고 바다를 건너려고 하는 것과 같다. 그때 바다 속에 있던 나찰이 이 사람에게 구명부대를 달라고 하였다. 그 사람이 듣고 생각하길 **'이것을 주면 나는 반드시 물에 빠져 죽을 것이다'**라고 하였다.

그리고 대답하길, '나찰아, 내가 차라리 너에게 죽더라도 구명부대는 줄 수 없다'고 하였다.

또 나찰이 말하길, '만일 그대가 내게 전부 줄 수 없거든 반이라도 달라'고 하였다. 그래도 그 사람이 주지 않았다.

또 나찰이 말하기를, '그대가 반도 줄 수 없거든 삼분일의 일이라도 달라'고 하였다. 그 사람은 그래도 주지 않았다.

또한 나찰이 말하길, '그것도 줄 수 없거든 손바닥만큼도 줄 수 없다면 내가 배가 고프고 고통이 심하므로 원컨대 마땅히 티끌만큼이라도 달라'고 하였다.

또한 그 사람은 말하길, '지금 네가 달라는 것은 얼마 되지 않지만 내가 지금 바다를 건너가려 하는데 앞길이 얼마나 멀고 가까운지 알지 못한다. 만일 조금이라도 네게 준다면 거기에서 기운이 점점 새어나올 것이므로 큰 바다를 건너기 어려워서 가다가 물에 빠져 죽을 것이다' 라고 하였다.

선남자야, 보살마하살이 계율(戒律)을 수호하고 지니는 것도 그와 같다."

"또 선남자야, 여덟 가지 모습을 고(苦)라 한다. 그것은
1. 태어나는 괴로움,
2. 늙는 괴로움,
3. 병드는 괴로움,
4. 죽는 괴로움,
5. 사랑하는 것과 이별하는 괴로움,
6. 미운 것과 만나는 괴로움,
7. 구하는 것을 얻지 못하는 괴로움,
8. 다섯 가지 음(陰)으로 이루어진 고(苦)이다.

이 여덟 가지 고(苦)를 일으키는 것을 집(集)이라 하고 이 여덟 가지 고가 없는 것을 멸(滅)이라 하며, 십력(十力)[7], 사무소외(四無所畏)[8], 삼념처(三念處)[9], 대비(大悲)를

도(道)라 한다."

"가섭아, 세간의 중생들은 뒤바뀌는 마음에 덮여 있어서, 태어나는 것은 탐하고 집착하며 늙고 죽는 것은 싫어하고 근심한다.

가섭아, 보살(菩薩)은 그렇지 않아서 처음 태어나는 것을 관하고 나서 허물과 근심을 보는 것이다.

가섭아, 어떤 여인이 다른 이의 집에 들어갔는데 그 여자는 몸매가 단정하고 용모가 아름답고 좋은 영락으로 몸을 장엄하고 있었다. 곧 주인이 보고 물었다.

'그대의 이름은 무엇이며 누구에게 속해 있는가?'

여인이 대답하였다.

'나는 공덕대천입니다.'

주인이 물었다.

'그대는 가는 곳마다 무슨 일을 하는가?'

---

7) 십력十力: ①도리 · 비도리를 아는 힘 ②업과 그 과보의 관계를 아는 힘 ③ 갖가지 선정에 통달하는 힘 ④중생의 근기, 즉 이해 능력을 아는 힘 ⑤ 중생의 갖가지 욕구를 아는 힘 ⑥중생의 갖가지 성격을 아는 힘 ⑦업을 통하여 나타나는 세계 즉 중생이 지옥 · 열반 등 여러 곳으로 향하는 것을 아는 힘 ⑧과거 세상의 일을 기억하는 힘 ⑨미래의 일을 아는 힘 ⑩번뇌가 다 없어진 경지인 열반과 그곳에 도달하기 위한 수단을 여실히 아는 힘

8) 사무소외四無所畏: ①바르고 원만한 깨달음을 이루었으므로 두려움이 없음 ②모든 번뇌를 끊었으므로 두려움이 없음 ③끊어야할 번뇌에 대해 설하므로 두려움이 없음 ④미혹을 떠나는 수행방법에 대해 설하므로 두려움이 없음

9) 삼념처三念處: ①중생이 기뻐하여 설법을 들어도 환희심을 내지 아니하고 마음이 평정한 것 ②중생이 한결같이 귀울여 듣지 않아도 걱정하지 않는 마음이 태연한 것 ③한곳에는 기뻐하며 열심히 듣고 하나는 전혀 듣지 아니함을 보고도 근심하고 기뻐하는 마음을 일으키지 않고 마음이 항상 평정한 것

여인이 대답하였다.

'나는 가는 곳마다 갖가지 금, 은, 유리, 파리, 진주, 산호, 호박, 자거, 마노, 코끼리, 말, 수레, 노비, 하인들을 줍니다.'

주인이 듣고서 환희하는 마음이 일어나 뛸 듯이 즐거워하며 말했다.

'나에게 지금 복덕이 있어서 그대가 나의 집에 온 것이다.'

곧 향을 사르고 꽃을 뿌려 공양하고 공경하고 예배하였다.

또 문 밖에 다른 한 여인이 있는데 그 형상이 누추하고 의복이 남루하고 더럽고 때가 많고 피부가 쭈그러지고 살빛이 부옇게 되었다. 주인이 보고 물었다.

'그대의 이름은 무엇이며 누구에게 속해 있는가?'

여인이 대답하였다.

'나는 이름이 검둥이(黑闇)입니다.'

또 물었다.

'왜 검둥이라고 하였는가?'

여인이 대답하였다.

'나는 가는 곳마다 그 집 재물을 소모하게 합니다.'

곧 주인이 그 말을 듣고는 칼을 들고 말하였다.

'그대가 만일 빨리 가지 않으면 그대의 목숨을 끊겠다.'

여인이 대답하였다.

'그대는 왜 그렇게 어리석고 지혜가 없습니까?'

주인이 물었다.

'어째서 나를 어리석고 지혜가 없다고 하는가?'

여인이 대답하였다.

'그대의 집에 들어간 이는 나의 언니이며 나는 항상 언니와 거처를 같이 합니다. 만일 그대가 나를 쫓아낸다면 나의 언니도 쫓아내야 할 것입니다.'

주인이 안으로 들어서 공덕천에게 물었다.

'밖에 어떤 여인이 그대의 동생이라고 하는데 사실인가?'

공덕천이 대답하였다.

'그는 분명히 나의 동생이며 나는 항상 동생과 행동을 같이 했고 한 번도 떠난 적이 없습니다. 그리고 가는 곳마다 나는 항상 좋은 일을 하고 동생은 항상 나쁜 짓을 했으며, 나는 항상 이로운 일을 하고 동생은 항상 손해나는 일을 했습니다.

만일 나를 사랑한다면 그도 사랑해야 하며 나를 공경한다면 그도 공경해야 합니다.'

곧 주인이 말했다.

'만일 그렇게 좋은 일도 나쁜 짓도 한다면 나는 모두 받아들일 수 없으므로 마음대로 하시오.'

이때 두 여인이 서로 손을 잡고 살던 곳으로 갔다.

그때 주인은 그들이 간 것을 보고 기쁘고 즐거워서 무량하게 뛸 듯이 기뻤다.

이때 두 여인은 서로 손을 잡고 가난한 집에 도착했다. 가난한 사람이 보고는 마음이 기쁘고 즐거워서 곧 물었다.

'지금부터 갈 때까지 그대들 두 사람은 나의 집에 항상 머물길 원합니다.'

공덕천이 말하였다.

'우리들은 어떤 사람에게 쫓겨 왔는데 그대는 무슨 인연으로 우리들이 머물길 원합니까?'

가난한 사람이 대답했다.

'그대들은 지금 내가 그대들을 위하고 공경하고 있다고 생각한다. 그래서 둘 다 나의 집에 머물길 원하는 것이다.'

가섭아, 또 보살마하살도 그와 같아서 천상(天上)에 태어나길 원하지 않는다. 왜냐하면 태어나면 반드시 늙고 병들고 죽기 때문에 이렇게 모두 버리고 조금도 사랑하는 마음이 없는 것이다.

그러나 범부(凡夫)나 어리석은 사람은 늙고 병들고 죽는 것 등에 대하여 잘못이나 걱정을 알지 못하기 때문에 태어나고 죽는 두 가지 법(法)을 받으려고 탐하는 것이다."

"또한 가섭아, 비유하면 어떤 위험한 언덕 위에 풀이 덮여 있지만 그 언덕의 가장자리에 감로가 많이 있는 것처럼 만일 그것을 먹으면 수명이 천년이나 되며 모든 병이 영원히 소멸되고 안온하고 즐겁게 살게 될 것이다.

어리석은 범부는 그 맛만 탐하기 때문에 그 밑에 깊은 구덩이가 있는 것을 모른다. 곧 앞으로 나가 집어 먹으려다가 발이 미끄러져서 구덩이에 떨어져 죽지만 지혜 있는 사람은 미리 그런 것을 알고 피해 가는 것이다."

"또한 가섭아, 마치 가을에 피는 연꽃을 모든 사람이 보기를 좋아하지만 그것이 시들고 쇠잔해지면 모두들 천하게 여기는 것처럼,

선남자야, 장성한 때의 훌륭하던 기색도 또한 그와 같아서 모든 사람이 사랑하다가도 늙어지면 모두들 싫어하는 것처럼,

선남자여, 장성할 때의 훌륭한 기색도 그와 같아서 이미 늙음에 쪼달리면 세 가지 맛이 없어진다.

곧 첫째는 출가(出家)하는 맛이며,

둘째는 경을 외우는 맛이며,

셋째는 참선(參禪)하는 맛이다."

"가섭아, 어떤 것을 보살마하살이 대승의 대열반경을 수행하면서 병이 생기는 고통을 관하는 것이라 하는가?

곧 병이라는 것은 모든 안온하고 즐거운 일을 깨뜨리

는 것이다. 비유하면 우박이 곡식의 싹을 상하게 하는
것과 같다.

또한 가섭아, 사람이 원수가 있으면 항상 마음이 근심
스러우며 두려운 생각을 품는 것과 같다."

"또한 가섭아, **마치 파초나 대나무나 노새 짐승은 씨를
맺거나 새끼를 배면 곧 죽는 것처럼 선남자야, 사람도 또한
그와 같아서 병이 들면 곧 죽고 마는 것이다.**

또한 가섭아, 전륜왕은 군대를 맡은 대신이 항상 앞에
서 길을 안내하고 왕은 뒤에 따라간다.

또 물고기의 왕과 개미의 왕과 메뚜기의 왕과 소의 왕
과 장사의 주인이 앞에 갈 때에도 이 여러 무리들이 모
두 따라가고 뒤처지지 않는 것과 같다."

"선남자야, 비유하면 **세간에서 필요로 하는 것이 즐거운
원인이 되므로 이것을 즐거움이라 이름한다. 곧 여색을 즐
기는 것, 술을 마시는 것, 훌륭한 음식, 맛있는 음식, 목마
를 때 물을 만나는 것, 추울 때 불을 만나는 것, 의복, 영
락, 코끼리, 말, 수레, 노복, 하인, 금, 은, 유리, 산호, 진
주, 창고, 곡식 등이다.**

**이런 것들은 세상에서 필요하기 때문에 이것이 즐거움의
원인이 되므로 즐거움이라고 이름하는 것이다.**"

"좋다, 좋다. 선남자야, 그대가 말한 대로 여러 인연은

결과도 아니며 원인도 아니다.

다만 오음(五陰)은 반드시 사랑을 원인으로 한다.

선남자야, 비유하면 대왕이 밖으로 유행하면 대신과 권속이 모두 따라다니는 것처럼 사랑도 역시 그와 같아서 사랑이 가는 곳에는 이 여러 번뇌들이 따라다니는 것이다.

비유하면 마치 끈끈한 옷에는 티끌이 와서 닿는 대로 붙는 것처럼 사랑도 그와 같아서 사랑하는 곳에 따라서 업과 번뇌도 머무는 것이다.

또한 선남자야, 비유하면 축축한 땅에는 싹이 잘 자라나는 것처럼 사랑도 그와 같아서 모든 업과 번뇌의 싹을 자라게 한다."

"선남자야, 나는 여러 행(行)이 무상(無常)하다고 본다.

어떻게 아는가 하면 모든 것은 인연으로 말미암기 때문이다. 만일 여러 법이 인연으로 생겼다면 무상한 줄 알아야 한다. 이 여러 외도(外道)들은 어떤 한 법도 인연으로부터 생기지 않은 것이 없다고 한다.

선남자야, 불성은 생(生)하지도 않고 멸(滅)하지도 않으며, 가지도 않고 오지도 않는다.

또 과거(過去)도 아니고 현재(現在)도 아니며 미래(未來)도 아니다.

또 원인으로 지은 것도 아니고 원인 없이 짓는 것도

아니며, 짓는 것도 아니고 짓는 사람도 아니다.

또 모습도 아니고 모습 아닌 것도 아니며,

이름 있는 것도 아니고 이름 없는 것도 아니며,

이름도 아니고 색도 아니다.

또 긴 것도 아니고 짧은 것도 아니며,

오음(五陰), 십팔계(十八界), 십이입(十二入)에 속하는 것도 아니므로 이름하여 항상(恒常)하다고 한다.

선남자야, 불성(佛性)은 곧 여래(如來)이며

여래(如來)는 곧 법(法)이며

법(法)은 곧 항상한 것이다.

선남자야, 항상한 것이 곧 여래이며 여래는 곧 승단이며 승단은 곧 항상한 것이다.

이런 뜻으로 인연으로 생긴 법은 이름하여 항상하다고 하지 않는다."

"선남자야, 마음을 이름하여 무상하다고 한다.

왜냐하면 성품은 반연하는 것이며 서로 상응하고 분별하기 때문이다."

"선남자야, 만일 외도들이 기억하는 생각을 유아(有我)인 줄 안다고 한다면 기억하는 생각이 없어지므로 반드시 무아(無我)인 줄 알아야 할 것이다.

마치 어떤 사람에게 여섯 손가락이 있음을 보고 묻기를 '우리가 예전에 어디서 서로 만났는가?' 하는 것과 같다. 만일 유아라면 묻지 않겠지만 서로 묻는다는 것은 반드시 무아임을 알아야 한다.

선남자야, 만일 여러 외도(外道)들이 부정한 법이 있기 때문에 유아라고 안다면, 선남자야, 부정한 법이기 때문에 무아인 줄도 알아야 할 것이다.

마치 조달이 끝까지 조달이 아니라고 말하지 않는 것과 같다. 我도 그와 같아서 만일 반드시 이 아(我)가 끝까지 아(我)를 부정하지 않는다면 아(我)를 부정함으로써 반드시 아(我) 없는 줄 알아야 한다.

만일 부정함으로써 아가 있는 줄을 안다면 그대는 지금 부정하지 않은 것이므로 반드시 아(我)가 없을 것이다."

"선남자야, 과거 세상 부처님께서 아직 나타나시기 전에 내가 바라문이 되어 보살행을 수행하여 능히 모든 외도들의 경전과 논서를 모두 통달하였다. 또 고요한 행을 수행하며 위의를 구족하였으며 그 마음이 청정하였다. 또 탐욕을 낼만한 외부 경계에 파괴 되지 않을 만하였으며 성냄의 불을 소멸하여 항상함, 즐거움, 아, 깨끗함의 법을 받아 지녔다.

그러나 여러 방면으로 대승경전(大乘經典)을 구하려고 했지만 끝내 방등경의 이름조차 들어 보지 못하였다.

그때 내가 설산에 있었는데, 그 산은 깨끗하게 흐르는 물, 목욕하는 못, 나무숲, 약나무들이 가득하였으며 곳곳의 바위틈에는 맑은 물이 흐르고 많은 여러 향기로운 꽃들이 두루 장엄되어 있었다.

또 여러 새와 짐승들이 헤아릴 수 없었고 맛있는 과일이 번성하여 그 종류를 헤아릴 수 없었다. 또 무량한 연 뿌리, 감로수 뿌리, 청목향 뿌리들이 있었다.

그때 내가 홀로 고요한 곳에 있으면서 오직 과일만을 먹었다. 그리고 전념하는 마음으로 사유하고 좌선하면서 무량한 세월을 지냈다.

그러나 여래께서 세상에 나타나셨다 거나 대승경전의 이름을 듣지 못하였다.

선남자야, 내가 그렇게 어려운 고행을 수행했을 때 석제환인과 여러 천신과 인간들이 마음이 크게 놀라고 이상하게 여겨서 곧 한곳에 모여서 서로서로 말하였다. 곧 이 게송을 말했다.

맑고 깨끗한 설산 가운데
고요히 앉아 있어 욕심 떠난 님
공덕으로 장엄한 거룩한 이를
각각 서로서로 가리키노라.

탐욕, 성냄, 교만 다 여의었고
여러 어리석음 아주 끊어서
추악하고 더러운 나쁜 소리가

입에서 나오는 일 보지 못했네.

그때 대중 가운데 어떤 한 천자(天子)가 있었는데 이름이 환희였다. 그는 또 게송을 말했다.

이와 같이 욕심 떠난 사람이
맑고 깨끗하고 부지런히 정진하다가
장차 제석이나 여러 천신이
되기를 구하지 않겠는가.

만일 이 사람이 외도(外道)라면
여러 고행 닦아 행할 때
제석천왕 앉아 있는 높은 자리를
많이 바라고 구하려고 하겠구나.

그때 어떤 한 선인 천자(天子)가 곧 제석천왕이 되어 게송(偈頌)을 말하였다.

하늘 임금인 교시가여
마땅히 그런 염려 하지 말라.
여러 외도들이 고행을 닦을 때
어찌 제석의 자리를 희망하겠는가.

이런 게송을 읊고 나서 또 이렇게 말하였다.

'교시가여, 세상의 어떤 대사(大士)는 중생을 위하므로 자기의 몸을 탐내지 않는다. 또 여러 중생들을 이익되게 하기 위하여 갖가지 무량한 고행(苦行)을 닦는다.

그런 사람은 나고 죽는 가운데 여러 과실과 허물이 많음을 보았으므로 가령 이 대지나 여러 산이나 큰 바다에 보배가 가득하더라도 탐내지 않고 침 뱉듯이 버린다.

또 그런 대사는 재물이나 사랑하는 처자나 자기의 머리, 눈, 골수, 손, 발, 뼈마디, 살던 집, 코끼리, 말, 수레, 노복, 하인 등을 모두 버린다.

또 천상(天上)에 태어나길 원하지 않으며, 오직 모든 중생으로 하여금 쾌락을 받게 하려는 욕구뿐이다.

또 내가 이해하길 저 대사(大士)는 맑고 깨끗하여 물들지 않고 모든 번뇌(煩惱)가 아주 없다 하였지만 오직 아뇩다라삼먁삼보리만을 구할 뿐이다.'

또 석제환인이 또 이렇게 말했다.

'그대가 말한 것과 같이 곧 저 사람은 모든 세간의 온갖 중생들을 거두어 줄 것이다.

대선(大仙)이시여, 만일 이 세상에 불수(佛樹)가 있다면 능히 모든 여러 천신과 인간 그리고 아수라들의 번뇌의 독사를 제거할 것이다. 또 만일 이 여러 중생들이 불수의 서늘한 그늘에 가서 있으면 번뇌의 온갖 독이 모두 소멸할 것이다.

대선(大仙)이여, 만일 이 사람이 마땅히 미래 세상에서 선서(善逝)를 이룬다면 우리들은 마땅히 무량하고 뜨겁게 불타는 번뇌를 소멸할 수 있겠지만 그런 일은 진실로 믿기 어려운 것이다.

왜냐하면 무량한 백천의 여러 중생들이 아뇩다라삼먁삼보리심을 내더라도 작고 미묘한 인연만 보면 아뇩다라삼먁삼보리에서 흔들리게 되기 때문이다.

마치 물속에 있는 달이 물이 흔들리면 그 또한 흔들리는 것과 같다.

곧 보리의 마음도 내기는 어렵지만 파괴되기는 쉬운 것이다.

대선이여, 마치 많은 사람들이 온갖 무기로 견고하게 자신을 장엄하고 앞으로 나아가 도적을 토벌하려 하지만 전쟁에 임해서 공포가 생기면 곧 물러나 흩어지는 것과 같다.

그러므로 무량한 중생들도 그와 같아서 보리심을 내어 견고하게 자신을 장엄하였지만 나고 죽는 허물을 보고서 두려워하는 마음이 생기면 곧 물러나 흩어지는 것이다.

대선(大仙)이여, 나는 이런 무량한 중생들이 발심했지만 뒤에는 모두 동요하는 것을 보았다. 그러므로 비록 지금 이 사람이 고행(苦行)을 닦으면서 번뇌도 없고 시끄러움도 없으며 험난한 길에서도 행이 청정함을 보더라도 아직 믿지 못하는 것이다.

그래서 지금 내가 마땅히 그에게 가서 진실로 아뇩다라삼먁삼보리의 무거운 짐을 감당할 수 있는지 시험해 보려 한다.

대선이여, 마치 수레는 바퀴가 둘이 있어야 짐을 실을 수 있고 새는 날개가 둘이 있어야 날아다닐 수 있는 것과 같다. 곧 고행하는 사람도 그와 같아서 비록 나는 그가 금계를 굳게 지키는 것을 보더라도 아직 그 사람이 깊은 지혜가 있는지는 알지 못하다.

만일 깊은 지혜가 있다면 능히 아뇩다라삼먁삼보리의 무거운 짐을 감당할 줄 알 것이다.

대선이여, 비유하면 마치 **물고기가 알을 많이 낳지만 고기가 되는 것은 적으며 암라나무가 꽃은 많지만 열매는 적은 것과 같다. 곧 중생도 발심하는 이는 무량하지만 그것을 끝까지 성취하는 이는 말할 수 없이 적다.**

대선이여, 내가 마땅히 당신과 함께 가서 시험하겠다.

대선이여, 비유하면 진짜 금은 세 가지로 시험하면 진짜인지 곧 안다. 곧 녹이고 두드리고 갈아보는 것이다. 저 고행하는 이도 마땅히 그와 같이 시험해 보리라.'

그때 석제환인이 스스로 몸을 변하여 나찰이 되었는데, 그 형상이 흉악하였다. 곧 설산에 내려가서 멀지 않는 곳에 섰다. 그때 나찰은 마음에 두려움이 없고 용맹하여 항복받기 어려웠으며 말을 잘하고 그 목소리는 맑

고 깨끗했다. 그리고는 곧 과거 부처님께서 설하신 계송
의 절반을 말했다.

제행무상(諸行無常) 온갖 행은 무상하므로
시생멸법(是生滅法) 이것은 생하고 멸하는 법이다.

이 계송의 절반을 말하고 나서 앞에 서 있었다. 그는
얼굴이 험상스럽고 눈을 두리번거리면서 사방을 노려보
았다.

이 고행자는 이 계송의 절반을 듣고 마음이 기쁘고 즐
거웠다.

비유하면 **장사꾼이 험난한 곳에서 밤에 동행을 잃고 여러
곳으로 찾아다니다가 친구를 만나서 마음이 무량하게 뛸 듯
이 기쁘고 즐거워하는 것과 같았다.**

**또 오랜 병자가 좋은 의원과 간호할 사람과 좋은 약을 만
나지 못하다가 나중에 만남 것과 같았다.**

**또 원수에게 쫓기다가 홀연히 벗어난 것과 같았고
마치 오래 갇혔던 사람이 풀려나는 것과 같았다.
마치 농부가 오랜 가뭄에 단비를 만난 것과 같았고
마치 길 떠났던 사람이 집에 돌아오자 가족들이 보고 크
게 기뻐하고 즐거워하는 것과 같았다.**

선남자야, 그때 내가 이 계송의 절반을 듣고 마음에
기쁨과 즐거움이 생김이 그와 같아서 곧 자리에서 일어

나 손으로 머리카락을 거두어 들고 사방을 살펴보았다.

그리고 누가 지금 들려준 게송을 말했는지 물었지만, 그때 다른 사람은 보이지 않고 오직 나찰만이 보였다. 그래서 곧 이렇게 말했다.

'누가 이러한 해탈(解脫)의 문(門)을 열었으며 능히 누가 여러 부처님들의 음성을 우레처럼 우렁차게 외치는가?

누가 나고 죽는 잠 가운데에서 홀로 깨어서 이런 게송을 말했는가?

또 누가 나고 죽는 것에 굶주린 중생에게 위없는 道의 맛을 보여 주었는가?

또 무량한 중생이 나고 죽는 바다를 헤매는데 능히 누가 이 속에서 뱃사공이 되었는가?

또 이 여러 중생들이 항상 번뇌의 중병에 걸렸는데 능히 누가 용한 의원(醫院)이 되겠는가?

그런데 마치 반달이 연꽃을 점점 피게 하는 것처럼 이렇게 설해진 게송의 절반은 나의 마음을 깨우쳐 주는구나.'

선남자야, 그때 나는 아무도 볼 수 없었으며 오직 나찰만을 보았다. 또 내가 생각하길 '저 나찰이 이 게송을 말하였는가?'라고 하였다.

그러나 또 의심하길 '그가 이런 게송을 말할 수 없을 것이다. 왜냐하면 저 나찰은 형상이 대단히 흉악한데 만일 이 게송을 들었다면 모든 추하고 천한 모습을 제거했을 것이기 때문이다. 그러므로 **어찌 저런 형상을 한 나찰이 이 게송을 말할 수 있겠는가. 마땅히 불 속에서는 연꽃이 날 수 없으며 햇빛에서는 찬물이 생길 수 없다**'고 하였다.

선남자야, 그때 내가 또 생각하길 '**나는 지금 지혜가 없구나. 혹시 이 나찰이 과거 여러 부처님을 뵙고 여러 부처님으로부터 이 게송의 절반을 들었는지도 모른다. 지금 내가 마땅히 물어보리라**'고 하였다.

곧 나찰이 있는 곳에 나아가서 이렇게 말했다.

'훌륭하십니다. 대사여, 당신은 과거 어디에서 두려움을 떠난 이가 말씀하신 게송의 절반을 얻었는가?

또 대사여, 그대는 어디에서 이런 한 반 쪽 여의주를 얻었는가?

대사여, 이 게송의 절반의 뜻은 진실로 과거, 미래, 현재의 여러 부처님 세존의 바른 道이며, 모든 세간의 무량한 중생들이 항상 여러 견해의 그물에 싸였으므로 외도의 법 속에서 목숨을 마친다. 그래서 아직 이와 같은 출세간의 열 가지 힘을 가진 세웅(世雄: 부처님)께서 말씀하신 공의 이치를 듣지 못한 것이다.'

선남자야, 내가 이렇게 물었더니, 곧 나찰이 나에게 대답하였다.

'대바라문이여, 지금 그대는 마땅히 나에게 이 뜻을 묻지 마십시오. 왜냐하면 나는 먹지 못한 지 여러 날이 되었고 곳곳에서 먹을 것을 구하려고 했으나 얻지 못했습니다. 그래서 지금 배고프고 목말라서 고통스럽고 마음이 혼란하여 헛소리를 한 것이니 나의 본마음에서 알고 한 것이 아니기 때문입니다.

가령 지금 나의 힘이 능히 허공을 날 수만 있다면 울단월 내지 천상의 곳곳에서 먹을 것을 구하겠지만 그렇게도 할 수 없어서 이런 말을 한 것입니다.'

선남자야, 그때 내가 나찰에게 말하였다.

'대사여 만일 당신이 나에게 그 게송을 끝까지 말해 준다면 마땅히 나는 목숨이 끝날 때까지 그대의 제자가 되겠습니다. 대사여, 당신이 말한 게송의 절반은 글로도 끝나지 않았고 뜻으로도 끝나지 않았는데 무슨 인연으로 말하려 하지 않습니까? 곧 재물을 보시하는 것은 다할 때가 있지만 법을 보시 하는 인연은 다하지 않는 것입니다.

비록 법으로 보시함은 다함이 없고 이익이 많더라도 지금 내가 그 게송의 절반의 법문을 듣고 나서 마음으로 놀랐고 의심이 생겼습니다. 그러므로 지금 그대는 그 게송을 끝까지 말하여 나의 의심을 풀어주십시오. 그러면 마땅히 나는 목숨이 끝날 때까지 그대의 제자가 될 것입니다'라고 하였다.'

나찰이 대답하였다.

'당신은 지나치게 꾀가 많아 단지 자신만 걱정하고, 지

금 배고픈 고통에 시달리고 있어 실로 말할 수 없는 것
은 생각하지도 않습니다.'

곧 내가 물었다.

'그대는 무엇을 먹습니까?'

나찰이 대답하였다.

'당신은 묻지 마시오. 만일 내가 말하면 많은 사람들이
놀랄 것이오.'

또 내가 물었다.

'이곳에는 우리 둘 뿐이고 다른 이가 없지 않습니까?
내가 그대를 두려워하지 않는데 무엇 때문에 말하지 않
습니까?'

나찰이 대답했다.

'내가 먹는 것은 오직 사람의 따뜻한 살이며, 마시는
것은 오직 사람의 따뜻한 피입니다. 나는 복이 없어서
오직 이런 것만을 먹어야 하는데 모두 구하고자 해도 얻
을 수가 없습니다. 비록 세상에는 많은 사람이 있지만
모두 복덕이 있어서 여러 천신들이 보호하고 있으므로
나의 힘으로 능히 죽일 수가 없습니다.'

선남자야, 또 나는 이렇게 말하였다.

'당신이 구족한 게송의 절반마저 말해 준다면 나는
그 게송을 듣고 나서 마땅히 이 몸을 당신에게 보시 공
양할 것입니다.

대사여, 가령 내가 더 살다가 목숨이 다 하더라도 이

몸은 소용이 없는 것이오. 마침내 호랑이, 늑대, 올빼미, 독수리, 부엉이 등의 먹이가 된 뒤에는 조그만 복도 짓지 못할 것이오.

그러므로 나는 지금 아뇩다라삼먁삼보리를 구하기 위하여 연약한 몸을 버리고 견고한 몸으로 바꾸려고 하는 것입니다.'

또 나찰이 대답하였다.

'당신이 말한 여덟 글자를 위하여 사랑하는 몸을 버리겠다고 하는 것은 누가 믿겠습니까?'

선남자야, 곧 나는 대답하였다.

'당신은 진실로 지혜가 없으니, 비유하면 어떤 사람이 다른 사람에게 질그릇을 주고 칠보 그릇을 얻으려는 것과 같습니다. 나 또한 그와 같이 견고하지 않은 몸을 버리고 금강 같은 몸으로 바꾸려는 것입니다. 그대는 누가 믿겠는가 라고 하지만 지금 내가 증거를 말하는 것이오.

곧 대범천왕, 석제환인 그리고 사천왕들이 능히 이 일을 증명하며, 또 무량한 중생들을 이롭게 하기 위하여 대승을 수행해서 육바라밀을 구족하고 천안통을 얻은 여러 보살들도 증명하실 것입니다.

또 중생을 이익되게 하는 시방의 여러 부처님 세존들도 지금 내가 여덟 글자를 듣기 위하여 생명을 버리려고 하는 것을 증명하시는 것입니다.'

또 나찰이 말하였다.

'만일 당신이 이와 같이 몸을 버리겠다면 잘 듣고 잘 들으시오. 마땅히 당신을 위하여 나머지 게송의 절반을 말하겠습니다.'

선남자야, 그때 나는 그 말을 듣고 나서 마음이 기쁘고 즐거워서 몸에 둘렀던 사슴 가죽을 벗어서 이 나찰을 위하여 설법(說法)하는 자리를 마련하였다. 그리고 '화상이시여, 부디 이 자리에 앉으십시오'라고 하고서 곧 나는 그 앞에 합장하고 끓어 앉아 말하였다.

'오직 원하옵니다. 화상이시여, 저를 위하여 그 나머지 게송의 절반을 말씀하셔서 구족하게 해 주십시오.'

곧 나찰은 게송을 말하였다.

생멸멸이(生滅滅已) 태어나고 멸하는 법이 없어지고 난 다음 적멸위락(寂滅爲樂) 적멸한 것이 즐거움이다.

그때 나찰이 이 게송을 설하고 나서 말하였다.

'보살마하살이여, 지금 그대가 게송을 듣고 뜻을 구족하였으니 그대의 소원은 모두 만족하였습니다. 만일 반드시 여러 중생들을 이익되게 하고자 한다면 그대의 몸을 보시해야 합니다.'

선남자야, 그때 내가 게송의 뜻을 깊이 생각한 뒤에 곳곳에 있는 돌과 벽과 나무와 길에 이 게송을 써 놓았다.

그리고 곧 몸에 입고 있던 옷을 다시 정돈하여 죽은 뒤에라도 살이 드러나지 않게 하고서 곧 높은 나무로 올라갔다.

그때 나무신이 또한 나에게 물었다.

'좋은 사람이여, 무슨 일을 하려고 하는가?'

선남자여, 그때 내가 대답하였다.

'나는 몸을 버려서 게송을 들은 대가로 몸을 던져주려고 한다.'

또 나무신은 물었다.

'그 게송이 무슨 이익이 있겠는가?'

내가 대답하였다.

'이 게송은 과거, 현재, 미래에 계시는 여러 부처님께서 말씀하신 것으로 법의 공한 도리를 말한 것이다.

그래서 나는 이 법을 위하여 생명을 버리려는 것이다.

이것은 이익 명예, 재물, 전륜성왕, 사대천왕, 석제환인, 대범천왕, 인간, 천신의 즐거움을 위한 것이 아니라 모든 중생들을 이익되게 하기 위한 것이다. 그 때문에 이 몸을 버리는 것이다.'

선남자야, 내가 몸을 버리려고 할 때 또 이런 말을 하였다.

'원하옵니다. 모든 탐내고 인색한 사람들로 하여금 모두 와서 내가 몸 버리는 것을 보도록 해 주십시오.

또 조금 보시하고 뽐내는 사람들로 하여금 모두 와서 내

가 한 게송을 위하여 마치 이 생명을 풀과 나무처럼 버리는 것을 보도록 해주십시오.'

그때 나는 이 말을 마치고 나서 곧 손을 놓고 나무 아래로 몸을 던졌다. 아직 몸이 땅에 떨어지지 않았을 때 허공에서 갖가지 소리가 들렸는데, 그 소리는 아가니타천까지 들렸다.

그때 나찰은 다시 제석의 몸으로 변하여 곧 공중에서 나의 몸을 곱게 받아서 땅에 내려놓았다. 그리고 삭제환인과 여러 천신과 인간 그리고 대범천왕이 나의 발에 머리 숙어 예배하고 찬탄하였다.

'장하십니다. 장하십니다. 그대는 진실로 보살입니다.

곧 무량한 중생들을 이익되게 하려고 무명의 어두움 속에서 큰 법의 횃불을 밝히려고 하는데, 제가 여래의 큰 법을 아낀다고 당신을 곤란하게 했습니다.

오직 원하옵니다. 지은 죄를 참회하는 정성을 받아 주십시오. 당신은 반드시 미래에 아뇩다라삼먁삼보리를 이룰 것입니다. 그때 저를 제도해 주십시오.'

그때 석제환인과 여러 하늘 대중들이 나의 발에 머리 숙여 예배하고 물러나 홀연히 사라졌다.

선남자야, 아주 옛날 내가 게송의 절반을 위하여 이 몸을 버린 인연으로 12겁을 초월하여 미륵보살보다 먼저 아뇩다라삼먁삼보리를 이루었다.

선남자야, 내가 이와 같은 무량한 공덕을 이룬 것은 모두 여래의 바른 법에 공양했기 때문이다.

선남자야, 지금 그대 또한 아뇩다라삼먁삼보리심을 내었으므로 무량하고 가없는 항하의 모래 수만큼의 여러 보살들을 뛰어넘게 되었다.

선남자야, 이것을 이름 하여 보살이 대승의 대반열반 (涅槃)에 머물러서 거룩한 행을 닦는 것이라고 한다."

8. 범행품(梵行品)의 말씀 중에서

가섭보살이 부처님께 말씀드렸다.

"세존이시여, 이익 없는 것은 제거하고 이익과 안락을 준다는 것은 실로 하는 일이 없습니다. 이와 같은 생각은 곧 허망한 관찰이며 실제의 이익은 없습니다.

세존이시여, 비유하면 비구들이 부정한 것을 관찰할 때 입은 옷을 모두 가죽의 모습으로 보지만 실로 가죽이 아닙니다,

또 먹는 것을 모두 벌레의 모습으로 생각하지만 실로 벌레가 아니며, 콩국을 똥물로 생각하지만 실로 똥물이 아닙니다.

또 먹는 낙(酪)을 골수와 같다고 관찰하지만 실로 골수가 아니며, 뼈를 부순 가루를 보리가루의 모습과 같다고 관찰하지만 실로 보리가루가 아닙니다."

"또 **보시를 행할 때는 받는 자가 계를 지녔는지 계를 깨뜨렸는지, 복전인지 복전이 아닌지, 선지식인지 선지식이 아닌지도 보지 말라.**

또 보시할 때 근기에 맞는지 근기에 맞지 않는지도 보

지 말며,

보시할 때 보시할 곳인지 아닌 곳인지 가리지 말아야 한다.

또 흉년과 풍년도 아는 체하지 말고, 원인인지 결과인지, 중생인지 중생이 아닌지 복인지 복이 아닌지를 보지 말라.

또 보시하는 자와 받는 자와 재물을 보지 않더라도, 나아가 끊는 것과 과보를 보지 않더라도 항상 보시를 행하는 것이 단절되어서는 안 된다."

"선남자야, 만일 보살이 계(戒)를 지님과 계를 파괴함 내지 과보를 본다면 마침내 능히 보시(布施)하지 못할 것이다.

만일 보시하지 않는다면 단바라밀을 구족하지 못할 것이다. 만일 단바라밀을 구족하지 못한다면 아뇩다라삼먁삼보리를 이루지 못할 것이다.

선남자야, 비유하면 어떤 사람이 독화살을 맞았을 때 그 사람의 권속들이 안온하게 하고 독을 없애기 위하여 곧 훌륭한 의원에게 화살을 뽑으라고 했다.

그런데 그 사람이 말하길 '아직 손대지 말라. 이 독화살이 어느 쪽에서 왔으며 누가 쏘았으며 쏜 자가 찰리(刹利)인지 바라문(婆羅門)인지 비사(毘舍)인지 수타(首陀)인지를 지금 내가 살펴보겠다'고 하였다.

또 생각하길 '그 화살이 나무인지 버드나무인지, 또 그 촉은 어디서 만들었으며, 곧 강(强)한 것인지, 연한 것인지, 또 그 독(毒)은 만든 것인지 자연적으로 생긴 것인지, 사람의 독인지 뱀의 독인지를 알아야겠다'고 하였다.

이런 어리석은 사람은 마침내 그런 것을 알아내기도 전에 목숨이 끊어질 것이다.

선남자야, 보살(菩薩)도 그와 같아서 만일 보시(布施)를 행할 때 받는 자가 계(戒)를 지녔는지 계를 파괴(破壞)했는지, 나아가 과보는 어떠할 것인가를 분별하다 보면 마침내 보시하지 못할 것이다."

부처님께서 말씀하셨다.

"선남자야, 보살의 자(慈)는 이익이 없지 않다.

선남자야, 어떤 여러 중생들은 괴로움을 받기도 하고 받지 않기도 한다. 만일 어떤 중생이 괴로움을 받는다면 보살의 자(慈)가 그에게 이익이 없으므로 곧 일천제이다.

만일 괴로움을 받더라도 반드시 결정된 것이 아니라면 보살의 자(慈)가 이익이 있으므로 저 중생으로 하여금 모두 쾌락을 받게 할 것이다.

선남자야, 마치 사람이 멀리서 사자, 호랑이, 표범, 늑대, 이리, 나찰, 귀신 등을 보면 저절로 두려움이 생기고 밤에 길을 가다가 말뚝을 보고도 두려움이 생기는 것과 같아서 자(慈)를 닦는 이를 보면 자연히 즐거움을 받는

다.

선남자야, 이런 뜻으로 보살이 자(慈)를 닦는 것은 진실한 생각이며 이익이 없지 않다고 한 것이다.

선남자야, 내가 설한 자(慈)에는 무량한 문이 있는데 곧 그것은 신통이다.

선남자야, 저 **제바달이 아사세를 시켜서 여래를 해치려고 할 때** 내가 왕사대성에 들어가서 차례로 걸식하고 있었다. 곧 아사세왕이 재물 지키는 미친 코끼리를 풀어 놓아서 여러 제자들을 해치도록 하였다.

그때 그 코끼리는 무량한 백천 중생을 밟아 죽였으며 중생들이 죽어서 흘린 많은 피를 그 코끼리가 냄새를 맡고 미친 증세가 배나 더하였다.

또 나를 따르는 이들이 붉은 옷 입은 것을 보고서 피 인 줄 알고 다시 나의 제자들 가운데로 왔다. 그때 아직 탐욕을 여의지 못한 자는 사방으로 흩어졌으나 아난만이 남아 있었다.

그때 왕사대성에 있는 모든 백성들이 동시에 큰소리로 통곡하면서 이렇게 말하였다.

'이상하다. 여래께서 오늘 돌아가실는지 모른다. 정각께서 어찌 이리 갑자기 돌아가신단 말인가?'

이때 조달이 마음이 기뻐서 '구담 사문이 죽는 것은 좋은 일이다. 지금부터 다시 나타나지 못할 것이므로 통쾌한 일이며 나의 소원이 이루어 질 것이다'라고 하였다.

선남자야, 그때 나는 재물 지키는 코끼리를 항복시키기 위하여 곧 인자한 선정에 들어서 손을 펴서 보였더니 다섯 손가락에서 다섯 사자가 뛰어나왔다. 이 코끼리가 이것을 보고 두려워서 똥을 흘리며 땅에 엎드려 내 발에 예경하였다. 선남자야, 그때 나의 손가락에는 사자가 없었지만 **자(慈)를 닦은 선근의 힘으로 코끼리를 조복한 것이다.**

또한 선남자야, 내가 열반(涅槃)에 들려고 처음 발을 구시나성을 향할 때 오백 명의 역사가 길을 닦고 쓸었는데 길 가운데 있는 큰 돌을 여러 역사가 굴리고자 하였다. 그러나 어찌하지 못하는 것을 보고 내가 불쌍히 여겨 곧 자(慈)의 마음을 일으켰다. 저 여러 역사들은 내가 엄지 발가락으로 그 큰 돌을 들어서 공중에 던졌다가 다시 손으로 받아서 오른 손바닥에 놓고, 입으로 불어서 가루가 되도록 부수었다가 다시 한곳에 합하는 것을 보았다. 그래서 그 역사들로 하여금 뽐내는 마음이 없어지도록 하고 갖가지 법을 간략히 말하여 모두 아뇩다라삼먁삼보리심을 일으키게 하였다.

선남자야, 그때 여래께서 진실로 발가락으로 큰 돌을 들어서 공중에 던졌다가 다시 손바닥에 놓고 불어서 가루를 만들거나 본래대로 도로 합한 것이 아니다. 그러나 선남자야, 마땅히 자(慈)의 선근의 힘으로 여러 역사들로

하여금 그렇게 보게 한 것이다.

또한 선남자야, 이 남천축(南天竺)에 한 큰 성이 있는데 이름이 수파라였다. 그 성 중에 한 장자가 있었는데 이름이 노지였다. 그는 과거에 무량한 부처님의 처소에서 여러 선근을 심었기에 많은 사람의 지도자가 되었다.

선남자야, 그 성에 있는 모든 사람들이 모두 삿된 도를 믿으면서 니건 외도를 섬겼다. 그때 나는 그 장자를 제도하기 위하여 육십오 유순이나 되는 왕사성에서 수파라성으로 갔다.

또 그 사람들을 교화하기 위하여 그 거리를 걸어서 갔다.

그 니건들은 내가 수파라성으로 간다는 말을 듣고 생각하길 '만일 사문 구담이 이곳에 오면 여러 백성들이 마땅히 나를 버리고 다시 공양하지 않을 것이다. 그러면 우리들은 어떻게 살아가겠는가?'라고 하였다. 곧 여러 니건들이 각각 여러 곳으로 나누어 가서 그 성의 사람들에게 말하였다.

'사문 구담이 이곳으로 온다는데 그 사문은 부모를 버리고 사방으로 다닌다. 또 그가 가는 곳마다 그곳에서 흉년이 들고 백성들이 굶주려서 죽는 이가 많고 병이 돌아서 구제할 도리가 없다.

또 구담은 불량한 사람으로 여러 악독한 나찰이나 귀신들로 시종을 삼았으며, 부모도 없고 떠돌아다니는 건달들을 오는 대로 모아서 제자로 삼았다. 또 가르치는 학설은 모두 허황(虛荒)한 말뿐이며 가는 곳마다 편안하지 않다.'

곧 그 사람들은 듣고 나서 곧 두려워하여 니건의 무리에게 예배하면서 말했다.

'대사여, 지금 우리들은 어떻게 해야 하겠습니까?'

니건들은 대답하였다.

'사문 구담은 숲속이나 흐르는 샘이나 맑은 물을 좋아하므로 그런 곳이 있으면 파괴해 버려야 한다. 곧 너희들은 성 밖으로 가서 숲이 있으면 파괴해 버리고 샘이나 강에는 송장 등을 넣어 두어서 그런 곳에 있지 못하게 해야 한다.

또 성문(城門)을 꼭꼭 닫고 병기(兵器)를 준비하여 잘 고수하고 스스로 굳게 지켜서 저들이 오더라도 성 안으로 들어오지 못하게 하면 너희들은 안온할 것이다. 또 너희들은 갖가지 술법으로 이곳으로 오던 구담으로 하여금 돌아가게 해야 한다.'

그 여러 백성들은 이 말을 듣고 나서 그대로 실행하여 나무숲을 파괴해 버리고 샘과 물을 더럽게 만들고 병기를 준비하여 물샐 틈 없이 고수하고 기다렸다고 한다.

선남자야, 그때 내가 그 성에 도착하니 모든 나무숲은 볼 수가 없었고, 오직 여러 사람들이 무기를 있는 대로 가지고 성벽을 지키고 있었다. 이 광경을 보니 가엾은 생각이 나서

자(慈)의 마음으로 대하였다.

그래서 나무숲은 예전대로 돌아오게 되어 여러 나무들을 헤아릴 수 없었다. 또 냇물이나 못들도 그 물이 깨끗하게 가득가득 찼으며 마치 푸른 유리와 같았고 여러 가지 꽃이 그 위를 덮고 있는 것 같았다.

곧 성벽들은 변하여 붉은 유리가 되어서 성 안에 있던 사람들이 나와 대중들을 확실하게 보았다. 곧 성문은 저절로 열렸으나 막는 자가 없었고 준비했던 무기는 아름다운 꽃으로 변하였다.

그래서 노지장자가 우두머리가 되어 그 사람들을 모아 부처님계신 곳에 왔다. 나는 곧 내가 그들에게 갖가지 법을 설하여 그들로 하여금 일체 모두 아뇩다라삼먁삼보리심을 내도록 하였다.

선남자야, 그때 내가 갖가지 나무숲을 변화하여 만들지도 않았고 맑은 깨끗한 물이 못에 가득하게 하거나 성벽이 붉은 유리로 변하게 하지 않았다. 또 그 사람들로 하여금 나를 보고 성문을 열고 무기를 꽃으로 변하게 한 일이 없었다.

그러나 선남자야, 그것은 자(慈)의 선근의 힘으로 그 사람들이 그런 일을 보게 된 것이다."

"또한 선남자야, 사위성에 바라문 여인이 있었는데 이름이 바사타였다. 그녀에겐 오직 한 아들만 있어서 굉장히 사랑했으나 병에 걸려 죽었다. 그때 그 여인은 슬퍼하다 못해 미쳐서 부끄러운 줄도 모르고 옷을 벗고 네거리로 돌아다녔다.

곧 실성통곡하면서, '아들아, 아들아, 너는 어디로 갔는가? 라고 하였다. 그리고 온 성 안을 헤매면서 다녀도 고달픈 줄 몰랐다.

그러나 이 여인은 지난 세상에 부처님께 많은 덕을 심었었다. 선남자야, 내가 그 여인을 가엾게 생각했더니 그때 그 여인이 나를 보고 아들인 줄 알고서 곧 제정신을 차리고 뛰어와서 나를 붙들고 아들을 사랑하듯 하였다.

내가 곧 시자 아난에게 말하여 옷을 가져다가 여인에게 입히게 하고 갖가지로 법문을 말하였다. 이 여인이 법을 듣고 기뻐서 뛰놀면서 아뇩다라삼먁삼보리심을 일으켰던 것이다.

선남자야, 그때 나는 그의 아들도 아니고 그도 나의 어머니가 아니며 또 서로 만지는 일도 없었다. 그러나 선남자야, 마땅히 모두 이 자(慈)의 선근의 힘으로 그 여인이 이런 일을 본 것이다."

"또한 선남자야, 바라내성에 한 우바이가 있었는데 그 이름이 마하사나달다였다. 그는 이미 과거에 무량한 부처님께 여러 선근(善根)을 심은 일이 있었다.

이 우바이(優婆夷)가 여름 구십일 동안 승단(僧團)을 받들고 의약을 보시하였다. 그 무리 중에서 어떤 비구(比丘)가 중병이 들어서 훌륭한 의원에게 물었더니 곧 고기가 약이 된다고 하였다. 또 만일 고기를 먹으면 병이 나을 수 있지만 고기를 얻지 못하면 죽을 곳이라고 하였다.

그때 우바이는 의원의 말을 듣고 나서 황금을 가지고 온 거리로 두루 다니면서 외치기를 '고기를 팔 사람이 있으면 금을 주고 고기를 사겠다. 만일 고기를 가진 사람이 있으면 그만큼 금을 주겠다'고 하면서 성 안으로 두루 돌아다녔지만 고기를 얻을 수 없었다.

그래서 우바이는 칼을 들고 자기의 넓적다리 살을 베어내어 썰어서 국을 끓이고 갖가지 향료를 넣어 병든 비구에게 보냈다. 곧 이 비구는 고기를 먹고 병이 나았지만 이 우바이는 그 상처가 아파서 고통을 견딜 수 없어서 곧 외치길, '나무불타'라고 하였다.

그때 나는 사위성에서 그 소리를 듣고 그 여인에게 대자심을 내었다. 그리고 그 여인은 내가 좋은 약을 상처 위에 벌라주자 곧 상처가 아물었으며 나는 그 여인에게 갖가지 법을 설하였다. 그녀는 법문을 듣고 환희하여 아뇩다라삼먁삼보리심을 일으켰다.

선남자야, 나는 진실로 바라내성에 가서 우바이의 상처에 약을 발라준 일이 없었다. 그러나 선남자야, 마땅히 이것은 모두 자(慈)의 선근의 힘으로 그 여인으로 하여금 그런 일을

보게 한 것임을 알라.

또한 선남자야, 조달은 나쁜 사람으로 탐욕이 많고 만족할 줄 몰랐다. 곧 소(酥)를 많이 먹었기 때문에 배가 부르고 머리가 아프며 큰 고통을 참을 수가 없었다.

곧 외치길 '나무불타(南無佛陀) 나무불타(南無佛陀)'라고 하였다. 나는 우선니성에 있다가 그 소리를 듣고 곧 자(慈)의 마음을 내었다. 그때 조달은 내가 자기에게 손으로 머리와 배를 만지고 소금물을 주어서 먹게 함을 보고 병이 나았다고 한다.

선남자야, 나는 조달에게 가거나 머리와 배를 만지거나 약을 주어 먹게 한 일이 없었다. 그러나 선남자야, 마땅히 이것은 모두 자의 선근의 힘으로써 조달이 그런 것을 보게 된 것임을 알라.

또한 선남자야, 교살라국(憍薩羅國)에 도적떼가 있었는데 그 무리가 오백이며 떼를 지어 다니면서 노략질을 하여 피해가 막심하였다. 바사닉왕이 그들의 행패를 염려하여 군대를 보내어 체포하게 하고, 그후 그들은 눈을 후벼 앞을 못 보게 하고 컴컴한 수풀 속에 버려두었다.

그러나 이 여러 도적들은 지난 세상에 부처님께 많은 공덕을 심었으므로 눈을 실명하고서 큰 고통을 받았다. 그때 각자 외치길 '나무불타 나무불타 지금 우리들을 구제해 줄 사람이 없다'고 하면서 통곡하고 있었다.

그때 나는 기원정사(祇園精舍)에 있다가 그 소리를 듣고

자(慈)의 마음을 내었다. 그때 서늘한 바람이 향산에 있는 갖가지 향기로운 약을 불어다가 그들의 눈에 넣어 주었으므로 눈이 이전처럼 회복되었다. 곧 도적들은 법을 듣고 아뇩다라삼먁삼보리심을 일으켰다.

선남자야, 그때 나는 바람을 일으켜서 향산에 있는 향기로운 약을 불어 보낸 일도 없었고 그 사람들 앞에서 법을 설하지도 않았다

그러나 선남자야, 마땅히 이것은 모두 자(慈)의 선근의 힘으로 그 도적들로 하여금 그런 일을 보게 한 것임을 알아야 한다.

또한 선남자야, 유리태자가 어리석어서 부왕을 몰아내고 자기가 임금이 되었다. 또 예전의 불만으로 석가의 종족을 많이 살해하고, 석가 종족의 여자 일만 이천 명을 잡아다가 귀와 코를 베고 손과 발을 잘라서 구덩이에 쓸어 넣었다.

그 여자들은 고통을 이기지 못하여 '나무불타 나무불타 우리들을 구해 줄 사람이 없다'고 하면서 통곡하였다. 이 여러 여자들은 과거 세상에 부처님께 여러 선근을 지은 일이 있었다.

그때 내가 대나무 숲속에 있다가 그 소리를 듣고 자(慈)의 마음을 내었다. 그때 그 여러 여자들은 내가 가비라성에 이르러 물로 상처를 씻어 주고 약을 발라 주자 고통이 없어지고 귀와 코와 손과 발이 모두 예전대로 되

었다.

또 내가 법을 간략히 설했을 때 그들이 모두 아뇩다라 삼먁삼보리심을 일으켜 곧 대애도(大愛道) 비구니에게 가서 출가(出家)하여 구족계를 받았다고 한다.

선남자야, 그때 여래께서는 가비라성에 가지도 않았으며 물로 씻어 주고 약을 발라서 고통을 먹게 한 일도 없었다. 그러나 선남자야, 마땅히 이것은 모두 자(慈)의 선근의 힘으로 그 여자들로 하여금 그런 일을 보게 한 것이다.

비(悲)와 희(喜)의 마음도 또한 그와 같다.

선남자야, 이런 뜻으로 보살마하살이 자(慈)의 생각을 닦는 것은 진실한 일이며 허망하지 않은 것이다.

선남자야, 무량한 마음은 불가사의하며 보살의 행하는 일도 불가사의하다. 또 여러 부처님께서 행하시는 일로 불가사의하며 이 대승경전인 〈열반경(涅槃經)〉도 불가사의한 것이다.”

“선남자야, 마치 어떤 사람이 밝은 거울을 들고 있으면 얼굴을 보려고 하지 않아도 얼굴이 저절로 나타나는 것과 같다.

또 농부가 밭에 씨를 심으면 싹이 나기를 기다리지 않더라도 싹이 저절로 나는 것과 같다.

또 등불을 켜면 어둠을 없애려고 하지 않아도 어둠이

저절로 사라지는 것과 같다.

선남자야, 보살마하살이 깨끗한 계율을 가지면 뉘우침이 없는 마음이 저절로 생기는 것도 그와 같다.

곧 깨끗한 계율(戒律)을 가지므로 마음이 기쁘게 되는 것이다.

선남자야, 마치 단정하게 생긴 사람이 자기의 얼굴을 보면 기쁜 마음이 생기듯이 깨끗한 계율을 가지는 것도 그와 같다."

"선남자야, 말을 다루는 네 가지가 있다.
첫째는 털을 만지는 것이요,
둘째는 가죽을 만지는 것이여,
셋째는 살을 만지는 것이요,
넷째는 뼈를 만지는 것이다.
곧 만지는 대로 다루는 자의 뜻에 맞게 된다.

여래 또한 그러하시어 네 가지 법으로 중생을 조복하신다. 첫째는 태어나는 것을 말하여 부처님의 말씀을 받도록 하는 것으로, 마치 털을 만져서 말을 다루는 자의 뜻에 맞게 되는 것이다.

둘째는 태어나고 늙는 것을 말하여 부처님의 말씀을 받도록 하는 것으로, 마치 털과 가죽을 만져서 다루는 자의 뜻에 맞게 되는 것이다.

셋째는 태어나고 늙고 병드는 것을 말하여 부처님의 말씀을 받도록 하는 것으로, 마치 털과 가죽과 살을 만져서 다루는 자의 뜻에 맞게 되는 것이다.

넷째는 태어나고 늙고 병들고 죽는 것을 말하여 부처님의 말씀을 받도록 하는 것으로, 마치 털과 가죽과 살과 뼈를 만져서 다루는 자의 뜻에 맞게 하는 것이다."

"선남자야, 비유하면 **장자가 집에 불이 난 것을 보고 집 밖으로 뛰어나왔지만 여러 아들이 뒤에 있어 화재를 벗어나지 못하게 되었다.**

그때 장자는 아들들이 불에 피해를 입을 것을 알고 여러 아들을 위하여 다시 들어가서 구제할 때 자기의 몸을 돌보지 않는 것처럼, 보살마하살도 그와 같다. 비록 생사의 허물을 알더라도 중생을 위하여 싫어하지 않고 그 속에서 있는다. 그러므로 보살은 불가사의라고 한다."

"선남자야, 마치 사람이 물에 들어가도 능히 물이 가라앉게 하지는 못한다. 또 맹렬한 불에 들어가도 능히 태우지 못한다면 이런 일은 가히 생각할 수도 없는 것처럼, 보살마하살도 그와 같다. 그래서 비록 생사 하는 속에 있더라도 생사하는 것이 고통스럽게 하지 못하므로 보살은 불가사의라고 한다."

"선남자야, 이때 마왕은 이 무리들이 분노하는 마음을 틈타서 육백 명의 비구들을 모두 살해하였다. 그때 범부(凡夫)들은 각각 함께 말하길, '슬프다. 부처님의 법이 이제 없어지는구나'라고 하였다. 그러나 나의 바른 법은 진실로 멸한 것이 아니었다.

그때 그 나라에는 십이만의 여러 큰 보살들이 나의 법을 잘 지니고 있었는데, 어찌 나의 법이 멸한다고 말하겠는가? 그러나 그때 염부제 안에는 한 비구도 나의 제자가 없었다.

이때 파순은 큰 불로서 모든 경전을 모두 태워버렸다. 또 남은 것은 여러 바라문들이 훔쳐다가 자기네 경전에 군데군데 뽑아서 써 넣었다.

그렇기 때문에 여러 작은 보살들은 부처님께서 출현하시기 전에 모두 바라문의 말을 믿었다.

비록 여러 바라문들이 말하길 '우리에게 재계(齋戒)가 있지만 여러 외도들에게는 진실로 없는 것이다'라고 하였다.

곧 외도들이 말하길 '나(我), 즐거움, 깨끗함이 있다'고 말하지만 진실로 나(我), 즐거움, 깨끗함의 뜻을 알지 못한다.

곧 부처님 법에서 한 자, 두 자 한 구절 두 구절을 가져다가 자기네 경전에 그런 뜻이 있다고 말하기 때문이다."

"그때 왕사대성의 아사세왕은 성품(性品)이 악하고 살생하는 것을 좋아하였다. 또 입으로 짓는 네 가지 나쁜 짓을 범했다. 또 탐욕, 성냄, 어리석음의 마음이 치성하여 눈앞의 일만 보고 장래의 일을 보지 못하였다. 또 악(惡)한 사람들을 권속으로 삼았고 현세의 다섯 가지 욕락만을 탐하였기 때문에 허물없는 부왕까지 살해하였다.

그러나 부왕(父王)을 살해하고 나자 마음으로 뉘우치는 기운을 내어 몸에 있는 영락을 벗고 풍류를 가까이하지 않았다. 그리고 마음으로 뉘우치는 기운 때문에 온몸에 등창이 생겼다. 그 등창에서 나쁜 냄새가 나서 가까이할 수 없었다.

곧 스스로 생각하길, '내 몸이 지금 과보를 받았으므로 지옥의 과보도 멀지 않았다'고 하였다.

그때 그의 어머니 위제희가 갖가지 약(藥)을 발라 주었지만 이 등창은 더욱 치성하고 덜해지지 않았다.

곧 왕은 어머니께 말씀드렸다.

"이 등창은 마음에서 생긴 것이지 사대(四大)에 의해 생긴 것이 아닙니다. 그러므로 만일 중생들이 능히 이것을 치료할 수 있다고 한다면 그것은 있을 수 없는 것입니다."

한 대신이 있었는데, 이름이 장덕이었다. 곧 왕에게 나아가서 이렇게 말씀드렸다.

"대왕이시여, 오직 원컨대 근심하지 마십시오.

왜냐하면 법에는 두 가지가 있기 때문입니다.

첫째는 출가의 법(法)이여,

둘째는 임금의 법입니다.

곧 임금의 법은 부왕을 살해하면 곧 나라의 왕이 되는 것입니다. 비록 거역하는 것이라 하더라도 죄가 없는 것입니다. 마치 저 **가라라 벌레는 어미의 배를 뚫고서 나오지만 그것은 태어나는 법이 그러하기 때문입니다.**

비록 어미의 배를 뚫었더라도 죄가 없는 것입니다.

또한 노새가 새끼를 배는 것도 그와 같습니다.

또한 나라를 다스리는 법도 그와 같습니다. 비록 아버지나 형을 살해하였더라도 죄가 없는 것입니다.

그러나 출가의 법에는 모기나 개미까지 살해하여도 죄가 되는 것입니다."

그때 기바(아사세왕의 동생)라는 큰 의원이 왕의 처소로 나아가서 말하였다.

"대왕(大王)이시여, 여러 부처님 세존께서 항상 말씀하셨습니다.

'두 가지 선한 법은 능히 중생을 구제할 수 있다.

첫째는 부끄러움이며,

둘째는 뉘우침이다.

곧 부끄러워하는 이는 스스로 죄를 짓지 않고,

뉘우치는 이는 다른 사람으로 하여금 죄를 짓지 않게 한다.

또 부끄러워하는 이는 속으로 수치스러워할 줄 알고,

뉘우치는 이는 남에게 죄를 털어놓는다.

또 부끄러워하는 이는 다른 사람에게도 부끄러워하고,

뉘우치는 이는 하늘에게 부끄러워한다.

그러므로 이것을 참괴(慚愧: 부끄러움)라 한다.

곧 참괴가 없는 이는 사람이라 할 수 없고 짐승이라 한다.

또 참괴가 있으므로 부모와 스승과 어른을 공경한다.

또 참괴가 있으므로 부모, 형제, 자매가 있다고 말한다.

좋습니다. 지금 대왕께서는 참괴를 갖추었습니다.

대왕께서는 마땅히 아셔야 합니다.

곧 여래께서는 호화롭고 부유한 발제가왕만을 위하여 법을 연설하는 것이 아니라, 미천한 우바리 등에게도 법을 설합니다.

또 수달다아빈지가 받드는 공양만 받는 것이 아니라, 또 수달다의 음식도 받습니다.

또 뛰어난 근기를 가진 사리불 등을 위해서만 法을 말씀하시는 것이 아니라, 근기가 둔한 주리반특에게도 법을 설하십니다.

또 술을 끊은 사람만을 위하시는 것이 아니라, 술을 즐기는 육가 장자처럼 만취한 자에게도 법을 설하십니다.

또 선정(禪定)에 들어 있는 이바다 만을 위하는 것이 아니라, 아들이 죽어 상심하는 바라문의 딸인 바사타를 위해서도 법을 설하십니다.

또 자신의 제자들만을 위하는 것이 아니라, 외도(外道)의 니건자를 위해서도 설하십니다.

또 25세의 장년만을 위하는 것이 아니라, 80세의 늙은이들을 위해서도 설하십니다.

또 선근(善根)이 성숙한 이들만 위하는 것이 아니라, 선근이 성숙하지 못한 자에게도 설하십니다.

또 말리 부인만을 위하는 것이 아니라, 음녀(淫女)인 연화녀를 위해서도 설하십니다.

또 바사닉왕의 훌륭한 음식만을 받는 것이 아니라, 시라국다 장자의 나쁜 음식도 받으십니다.

대왕이시여, 시라국도 옛날에 역죄를 지었지만 부처님을 만나서 법을 듣고는 곧 아뇩다라삼먁삼보리심을 내었습니다."

"대왕아, (아사세왕의 부왕인) 빈바사라왕이 과거에 나쁜 마음이 있었다.

곧 비부라산에서 사냥할 때 넓은 들판을 두루 다녔지만 짐승을 잡지 못하였다.

그때 오신통을 얻은 한 신선을 보았다.

곧 그 신선을 보고 나서 나쁜 마음으로 화를 내어 '내가 지금 사냥하는데 한 마리도 잡지 못한 것은 이 사람이 모두 쫓아 보냈기 때문이다'라고 하여 신하들에게 죽이라고 명령하였다.

그 사람이 죽을 때 원망하는 마음을 내었으므로 신통을 잃어버렸다.

그리고 맹세하길 '나는 어떤 죄도 없는데 네가 마음과 입으로 억울하게 나를 죽였다. 나도 미래 세상에 그와 같이 마음과 입으로 너를 죽이겠다'고 하였다.

그때 빈바사라왕은 그 말을 듣고 뉘우치는 마음을 내어 죽은 송장에게 공양하였다. 그 왕은 그것 때문에 과보를 가볍게 받고 지옥에는 떨어지지 않았다. 하물며 대왕은 죽이라고 하지도 않았는데 어찌 지옥의 과보를 받겠는가?

곧 선왕(先王)은 자기가 지은 업을 자기가 받은 것이다.

그러므로 대왕이 어찌 살생죄를 받게 되겠는가?

또 대왕은 부왕이 허물이 없다고 하는데 어찌 허물이 없다고 하겠는가?

곧 죄가 있으면 죄의 과보가 있고 나쁜 업이 없으면 어떻게 죄의 과보도 없는 법이다.

만일 그대의 부왕이 허물이 없었다면 어떻게 죄의 과보가 있겠는가?

곧 빈바사라왕은 현세에도 선한 과보를 얻고 나쁜 과보도 얻었다. 그러므로 부왕의 과보도 일정하지 않았다.

곧 일정하지 않았으므로 살해하지 않았다. 곧 살해함이 일정하지 않았는데 어찌 결정코 지옥에 들어간다고 말하겠는가?"

중국 장액 대불사 전당에 모셔진 열반상. 11세기 경 조성된 상으로 그 길
이가 35m에 이른다. 실내 전당에 모셔진 열반상 중 가장 규모가 크다. 대
불사는 중국을 비롯한 동아시아 열반종의 중심으로 부흥하고 있다

9. 영아행품(嬰兒行品)의 말씀 중에서

부처님께서 말씀하셨다.

"선남자야, 어떤 것을 이름하여 영아행이라 하는가? 선남자야, 일어나거나 머물거나 오거나 가거나 말하거나 말하지 못하는 것을 이름하여 어린아이라고 한다. 또한 여래께서도 그러하시다.

곧 일어나지 못한다는 것은 마침내 여래께서 여러 법의 모습을 일으키지 않는 것이다.

또 머물지 못한 것은 여래께서 일체법에 집착하지 않는다는 것이다.

또 오지 못한다는 것은 여래의 몸과 행동이 움직이지 않는다는 것이다.

또 가지 못한다는 것은 여래께서 이미 대반열반에 들었다는 것이다.

또 말하지 못한다는 것은 비록 여래께서 모든 중생들을 위하여 여러 법을 연설하시더라도 진실로 말하는 것이 없는 것이다.

왜냐하면 말하는 것은 유위법이지만 여래 세존은 유위

법이 아니기 때문에 말하는 것이 없다고 한다.

또 말함이 없다는 것은 마치 어린아이의 말이 분명하지 못한 것과 같다. 그래서 비록 말을 하더라도 진실로 말이 없는 것이다.

여래께서도 그와 같으셔서 말이 분명하지 않으면 이것은 곧 여러 부처님의 비밀한 말씀이다. 그래서 비록 말씀을 하시더라도 중생들이 알지 못하므로 말이 없다고 한다.

또 어린아이는 이름과 물건을 일정하게 보지 못하므로 바른 말을 알지 못한다.

비록 이름과 물건을 일정하게 보지 못하고 바른 말을 못하더라도 이 원인으로 물건을 알지 못하는 것이 아니다.

여래께서도 그와 같으셔서 모든 중생들의 종류가 각각 다르고 말이 같지 않으나 여래께서는 방편으로 그들에 따라 말하여 모든 중생들로 하여금 말에 의지하여 알도록 한다."

일본 고야산高野山 진언종眞言宗 별격본산別格本山 남장원南蔵院에 모셔진 열
반상

10. 광명변조고귀덕왕보살품(光明遍照高貴德王菩薩品) 말씀 중에서

"선남자야, 비유하면 어떤 사람이 큰 바닷물에 빠졌을 적에 죽은 시신이라도 붙잡으면 곧 위험에서 벗어나게 되는 것처럼, 보살마하살이 대열반을 수행하며 보시를 행할 때에도 역시 그와 마찬가지라서 저 죽은 시신 같이 하느니라.

선남자야, 비유하면 어떤 사람이 문호가 굳게 닫힌 깊은 감옥에 갇혀 있을 적에 오직 측간의 구멍만이 있는데 문득 그곳으로 나와 걸림 없는 곳에 이르는 것처럼, 보살마하살이 대열반을 수행하며 보시를 행할 때에도 역시 그와 같으니라.

선남자야, 비유하면 **존귀한 사람이 공포에 떨며 위급할 적에 의지할 데가 없으면 전다라**(노예, 도살자, 사냥꾼 등 당시의 하층천민을 말함)**에게라도 의지하는 것처럼, 보살마하살이 대열반을 수행하며 보시를 행할 때에도 역시 그와 같느니라.**

선남자야, 비유하면 병든 사람이 질병의 괴로움을 제거하고 안락함을 얻기 위하여 깨끗하지 못한 것이라도 먹는 것처럼, 보살마하살이 대열반을 수행하며 보시를 행하는 것도 역시 또한 그와 같느니라.

　선남자야, **바라문이 곡식이 귀할 적에는 목숨을 위하여 개고기라도 씹어 먹는 것처럼, 보살마하살이 대열반을 수행하여 보시를 행하는 것도 역시 그와 같느니라.**

　선남자야, 대열반경 중에서는 이와 같은 일을 한량없는 겁 이래로 듣지 못하던 것을 듣는 것이라 하며, 시라와 시라바라밀, 나아가 반야와 반야바라밀은 불잡화경(화엄경을 의미) 중에서 자세히 설한 것과 같느니라.”

“선남자야, **보살마하살은 항상 마땅히 몸을 보호해야 하느니라. 왜냐하면 만약 몸을 보호하지 않으면 생명이 곧 온전하지 못하고, 생명이 만약 온전하지 못하면 곧 이 경전을 글로 쓰고 받아 지니고 읽고 외우고 타인을 위하여 자세히 설명하고 그 의미를 사유할 수 없게 되느니라.** 그러므로 보살은 마땅히 몸을 잘 보호해야 하느니라.

　이러한 의미 때문에 보살은 일체의 나쁜 유루를 여의게 되느니라.

　선남자야, 하천을 건너고자 하는 이는 마땅히 뗏목을 잘 보호하고,

　길을 떠나려는 사람은 좋은 말을 잘 보호하고,

　농사 짓는 사람은 거름을 잘 보호하는 것처럼.

　독을 치료하기 위하여 독사를 잘 보호하는 것처럼,

사람이 재물을 위하여 전다라를 보호하고,
도적을 쳐부수기 위하여 건장한 젊은이를 보호하는 것
처럼 또한 추운 사람이 불을 애호하는 것처럼,
문등병에 걸린 이가 독약을 구하는 것처럼,

보살마하살도 역시 이와 같아서 비록 이 몸에 한량없이 깨끗하지 못한 것이 구족하게 가득한 것을 보아도 대열반경을 받아 지니고자 하기 때문에 오히려 잘 보호하여 모자람이 없게 하느니라."

"보살마하살은 이렇게 사유하느니라.

'내가 만약 이 네 가지 공양을 받지 않으면 몸이 곧 마멸하여 견고하지 못할 것이고, 만약 몸이 견고하지 못하면 곧 괴로움을 참지 못할 것이고, 만약 괴로움을 참지 못하면 곧 선한 법을 수습하지 못하게 될 것이지만, 만약 능히 괴로움을 참으면 곧 한량없이 선한 법을 수습하게 될 것이다.

내가 만약 뭇 괴로움을 참아내지 못하면, 곧 괴로움 받는 데에서는 성내는 마음을 내고 즐거움을 받는 데에서는 탐착하는 마음을 내며, 만약 즐거움을 구하다가 얻지 못하면 곧 무명을 생할 것이다.'"

"사람의 몸을 얻기 어려운 것이 우담발화가 피는 것과 같은데도 내 이제 이미 얻었으며,

여래를 만나기 어려운 것이 우담발화가 피는 것보다

더하거늘 내 이제 이미 만났으며,

청정한 법보를 보고 듣기 어렵거늘 내 이제 이미 들었으니, 마치 눈먼 거북이 물 위에 뜬 나무의 구멍을 만난 것과 같다.

사람의 목숨이 잠시도 머물지 않는 것이 산 사이를 흐르는 물보다 더하니, 오늘은 보존하였다고 하더라도 내일은 또한 보존하기 어렵거늘, 어찌하여 마음대로 나쁜 법에 머물겠는가?

장년의 시절이 잠시도 머물지 않는 것이 마치 달리는 말과 같거늘, 무엇을 믿고서 교만을 생하겠는가?

마치 악한 귀신이 사람의 허물을 엿보는 것처럼 사대라는 악한 귀신도 역시 또한 그와 같아서 항상 찾아와서 나의 허물을 엿보거늘, 어찌하여 마땅히 나쁜 지각을 일으키겠는가?

비유하면 낡은 집이 금새 무너지는 것처럼 나의 목숨도 또한 그러하거늘, 어찌하여 나쁜 지각을 일으키겠는가?"

"세상에서 여섯 가지 처소를 만나기 어려운데, 나는 이미 얻었거늘 어떻게 마땅히 나쁜 지각을 마음에 머물게 하겠는가? 어떠한 것들이 여섯인가?

첫째는 부처님께서 세상에 나오심을 만나기가 어렵고,

둘째는 바른 법을 듣기 어렵고,

셋째는 두려워하는 마음을 생하기 어렵고,
넷째는 바른 나라에 태어나기 어렵고,
다섯째는 사람의 몸을 얻기 어렵고,
여섯째는 모든 감각기관을 구족하기 어려운 것이다.
이러한 여섯 가지 일은 얻기 어려운 것인데 내가 이미 얻었으니, 그러므로 마땅히 지각을 일으키지 말아야 하느니라."

"어떠한 것을 마음이 몸을 따른다고 이름하는가?
비유하면 술 취한 사람이 술이 몸 안에 있은 때 몸이 요동하면 마음도 역시 따라서 요동하고, 또한 몸이 나태하면 마음도 역시 나태한 것과 같으니, 이것을 곧 마음이 몸을 따른다고 이름하느니라.
또 어린아이는 그 몸이 작기에 마음도 따라 작고, 어른은 몸이 크기에 마음도 따라서 큰 것과 같느니라."
"선남자야, 만약 여래가 광장설(廣長舌)을 얻었다고 말한다면, 마땅히 여래는 한량없는 겁 이전에 이미 허망한 말을 여의었다는 것을 알아야 하나니, 일체의 모든 부처님과 모든 보살이 무릇 말하는 것은 진실하여 허망하지 않느니라.
선남자야, 그대는 파순이 지난 옛적에 나에게 열반에 들라고 간청하였다고 말했는데, 선남자야, 이 마왕은 진실로 열반(涅槃)의 정해진 모습을 알지 못한 것이니라.

왜냐하면 파순은 중생을 교화하지 않고 묵연히 머무르는 것을 문득 열반이라고 생각하였기 때문이니라.

선남자야, 비유하면 세상 사람들은 어떤 사람이 말도 하지 않고 하는 일도 없는 것을 보면 문득 그 사람은 죽은 것과 다를 바가 없다고 말하는 것처럼, 마왕 파순도 역시 그와 같아서 여래가 중생을 교화하지 않고 묵연히 말하지 않는 것을 문득 여래가 열반에 든다고 생각하였던 것이니라."

"선남자야, 태어나면서 눈먼 사람은 해와 달을 보지 못하고, 보지 못하기 때문에 낮과 밤이 밝고 어두운 모습이라는 것을 모르며, 모르기 때문에 문득 해와 달이 실제로 있지 않다고 말한다.

그러나 실제로는 해와 달이 있는데도 눈먼 사람은 보지 못하고, 보지 못하기 때문에 전도된 생각을 하여 해와 달이 없다고 말하는 것이니라.

선남자야, 비유하면 구름과 안개가 해와 달을 가려 버리면, 어리석은 사람은 문득 해와 달이 없어졌다고 말하지만, 해와 달은 실제로 있는 것이다.

하지만 바로 구름과 안개가 가리웠기 때문에 중생이 보지 못하는 것이니라.

선남자야, 염부제에서 해가 질 때 중생이 보지 못하는 것은 흑산이 가렸기 때문이니라. 그 해의 성품은 실제로 지는 일이 없는데도 중생은 보지 못하고서 해가 진다는 생각을 하는 것이니라."

"선남자야, 비유하면 **개에게 목걸이를 씌워 기둥에 묶어 두면 종일토록 기둥을 돌며 벗어날 수 없는 것처럼, 일체 범부(凡夫)도 역시 그와 같아서 무명의 목걸이에 씌인 채 태어나고 죽는 기둥에 묶이면, 25유(有)를 돌며 벗어날 수 없느니라.**

선남자야, 비유하면 어떤 사람이 뒷간에 빠졌다가 벗어난 뒤에 다시 뒷간에 도로 들어가는 것처럼,

어떤 사람이 병이 나았다가 병이 드는 것처럼,

어떤 사람이 길을 가다가 황량한 광야를 만나서 지나간 뒤에 다시 돌아오는 것처럼,

또 깨끗하게 씻었다가 도로 진흙을 칠하는 것처럼,

일체 범부(凡夫)도 역시 그와 같아서 이미 무소유처에서 해탈을 얻었어도 오직 비비상처에서 해탈을 얻지 못해서 다시 돌아와 세 가지 나쁜 세계에 도달하느니라.

왜냐하면 일체 범부는 오직 결과만을 관찰하고 인연을 관찰하지 않기 때문이니라.

개가 흙덩어리를 좇고 흙덩어리를 던진 사람을 좇아가지 않는 것처럼,

범부도 역시 그와 같아서 오직 결과만을 관찰하지 인

연을 관찰하지 않으며,

관찰하지 않기 때문에 비비상처에서 퇴보하여 세 가지 나쁜 세계로 돌아가는 것이니라."

"선남자야, 세상에는 매우 희유해서 우담바라꽃과 같은 매우 희유한 두 부류의 사람이 있으니,

첫째는 나쁜 법을 행하지 않는 사람이고,

둘째는 죄가 있으면 능히 참회(懺悔)하는 사람이니라.

이러한 사람은 매우 희유하니라."

"선남자야, 이러한 사람은 수명(壽命)이 결정되지 않은 것이니라.

목숨이 비록 다하지 않았어도 아홉 가지 인연이 있으면 능히 그 수명을 단축하게 되나니 어떠한 것들이 그 아홉 인가?

첫째는 먹어서 편안하지 않은 것을 알면서도 그것을 먹는 것이요,

둘째는 많이 먹는 것이요,

셋째는 숙식(宿食: 전날에 지어먹은 식사)**이 소화되기 전에 또다시 먹는 것이요,**

넷째는 대변과 소변이 시기를 따르지 않는 것이요,

다섯째는 병났을 때에 의원의 지시를 따르지 않는 것이요.

여섯째는 간병하는 사람의 지시를 따르지 않는 것이요,

일곱째는 억지로 참고 토하지 않는 것이요,

여덟째는 밤에 행동하는 것이니, 밤에 행동하기 때문에 악(惡)한 귀신이 침노하는 것이오,

아홉째는 집안의 방이 정도를 지나친 것이니라.”

"선남자야, 비유하면 어떤 왕이 공후(箜篌)의 음성을 들었는데, 그 소리가 청아하고 미묘해서 마음으로 곧 탐착하여 즐거워하고 사랑하는 마음의 감정을 금할 길이 없었느니라.

그리하여 곧 대신에게 말하기를, '이렇게 미묘한 음성이 어디에서 나는가?'하고 물었더니

대신이 '이렇게 미묘한 음성은 공후에서 나나이다'라고 답하였느니라.

그러자 왕은, '그 소리를 가지고 오라'고 하였다.

그때에 대신은 곧 공후를 가져다가 왕의 앞에 놓아두고, '대왕이시여, 마땅히 아소서. 이것이 곧 그 소리이나이다'고 답하였느니라.

왕이 공후에게 말하기를, '소리를 내어라. 소리를 내어라'고 말하였으나, 이 공후에서는 소리가 또한 나오지 않았느니라.

그때에 대왕이 곧 그 공후의 줄을 끊었으나 소리가 또한 나오지 않았으며, 그 겉면의 나무를 전부 다 분석하고 쪼개서 그 소리를 찾아보았으나 얻을 수 없었느니라.

그러자 대왕이 진노하여 대신에게 '어찌하여 그렇게 허망한 말을 하였더냐?'고 하였더니, 대신은 왕에게 '대저 소리를 나게 하는 방법은 그와 같지 않으니, 마땅히 여러 인연으로 좋은 수단을 써야 이에 소리가 나나이다'고 답하였느니라.

중생의 부처님 성품도 역시 그와 같아서 머무는 곳이 없으므로 좋은 방편으로써 볼 수 있고, 볼 수 있기 때문에 아뇩다라삼먁삼보리를 얻지만, 일천제 무리는 부처님 성품을 보지 못하거늘 어떻게 능히 세 가지 나쁜 세계에 떨어지는 죄를 막겠는가.

선남자야, 만약 일천제가 부처님 성품이 있다는 것을 믿으면,

마땅히 이 사람은 세 가지 나쁜 세계에 이르지도 않으며,

또한 일천제라고 이름하지도 않는다는 것을 알아야 하느니라.

자기에게 부처님 성품이 있다는 것을 믿지 않기 때문에 곧 세 가지 나쁜 세계에 떨어지며, 세 가지 나쁜 세계에 떨어지기 때문에 일천제라고 이름하느니라."

"만약 중생으로서 지극히 중대한 번뇌에 결박된 이가 나를 만난다면, 나는 방편(方便)으로써 곧 그것을 단절하느니라.

나의 동생 난다는 지극히 큰 탐욕이 있었으나 내가 갖가지 방편으로 그것을 제거하였고,

앙굴마라는 지독하게 성내는 마음이 있었으나 나를 보는 것으로써 성내는 마음이 곧 그치게 되었고,

아사세왕은 대단히 어리석었으나 나를 보는 것으로서 어리석은 마음이 곧 소멸하였고,

바희 장자 같은 이는 한량없는 겁 동안 지극히 두터운 번뇌를 수습하여 이루었어도 나를 보는 것으로써 곧바로 번뇌가 단절되어 소멸하였느니라.

설령 추악하고 미천한 사람일지라도 나에게 친근하여 제자(弟子)가 된 이는 이러한 인연으로 일체의 사람과 하늘사람이 공경하고 애호 하느니라.

시라국다는 삿된 견해가 치성하였으나 나를 보는 것으로 인연으로 인하여 삿된 견해가 곧 소멸하였고,

기허 전다라는 나를 보는 것으로 인하여 지옥의 인연을 단절하고 천상에 태어나는 인연을 지었고,

교시가는 목숨이 끝나려고 할 때 나를 보는 것을 인하여 도로 수명을 얻었으며,

수고담미는 마음이 미쳐서 착란을 일으켰으나 나를 보는 인연하여 도로 본래의 마음을 얻었고,

천제 비구는 백정의 자식으로서 항상 악한 업을 수습하였으나 나를 보는 것으로써 곧 바로 그것을 버렸으며,

초계 비구는 나를 보는 것을 인하여 차라리 몸과 목숨

을 버릴지언정 금지된 계율을 범하지 않느니라."

"선남자야, 비유하면 부모에게 하나뿐인 아들이 있을 때 부모는 그를 매우 소중하게 사랑해서 좋은 의복과 매우 미묘한 음식을 때에 따라 공급하여 모자람이 없게 한다.

그 자식이 만약 그 부모에게 버릇없는 마음을 일으켜서 나쁜 말로 비난하고 욕하여도 부모는 사랑하기 때문에 노여워하거나 한탄하지 않으며, 또한 우리가 이 아이에게 의복과 음식을 주었다고 의식하지도 않느니라. 보살마하살도 역시 그와 같아서 모든 중생을 마치 외아들 같이 보느니라."

"선남자야, 비유하면 산에 있는 나무와 같으니, 맹렬한 불길에 타거나, 혹 사람이 자르거나, 혹은 물에 떠내려가더라도, 이 나무가 마땅히 누구에게 성을 내거나 기뻐하겠는가.

보살마하살도 역시 그와 같아서 모든 중생에 대하여 성내지도 않고 기뻐하지도 않나니, 왜냐하면 공삼매를 수습(修習)하였기 때문이니라."

중국 장액 대불사의 열반상

11. 사자후보살품(師子吼菩薩品)의 말씀 중에서

모든 선남자야, 저 여우같은 것은 비록 사자를 백년 동안이나 따라다니더라도 끝내 사자후를 할 수 없지만, 만약 사자의 새끼라면 겨우 삼년만 되어도 곧 능히 사자왕(獅子王)처럼 으르렁거릴 수 있느니라.

선남자야, 여래는 바른 깨달음과 지혜의 이빨과 발톱, 네 가지 자유자재한 발, 여섯 바라밀을 만족한 몸으로서 열 가지 힘의 용맹함에 큰 자비를 꼬리로 삼아서 네 가지 선의 청정한 굴 속에 안주하며, 모든 중생을 위하여 사자후 하나니,

악마의 군대를 쳐부수고, 대중에게 열 가지 힘을 보여서 부처님이 행하는 바를 나타내고, 모든 삿된 견해를 가진 자의 귀의할 곳이 되고, 태어나고 죽는 것을 두려워하는 대중을 편안히 무마하고, 무명에 잠들어 있는 중생을 깨어나게 하고, 나쁜 법을 행하는 자로 하여금 참회하는 마음을 일으키게 하느니라."

"선남자야, 출가한 사람에게는 네 가지 병이 있기 때

문에 네 가지 사문의 과보를 얻지 못하느니라. 어떠한 것이 네 가지 병인가?

첫째는 의복을 위한 탐욕이고,

둘째는 음식을 위한 탐욕이고,

셋째는 와구를 위한 탐욕이고,

넷째는 존재를 위한 탐욕이니,

이것을 네 가지 나쁜 탐욕이라고 이름하느니라.

이것은 출가한 이의 병으로서, 네 가지 좋은 약이 있어서 능히 이 병을 치료하느니라.

말하자면 분소의(糞掃衣)는 비구의 의복을 위한 나쁜 탐욕을 능히 치료하고,

걸식하는 것은 음식을 위한 나쁜 탐욕을 능히 깨뜨리고,

나무 밑에 앉는 것은 와구를 위한 나쁜 탐욕을 능히 깨뜨리며,

몸과 마음이 적정한 것은 비구의 존재를 위한 나쁜 탐욕을 능히 깨뜨리느니라.”

“선남자여, 나는 옛적 어느 때에 사리불을 비롯한 오백 제자들과 함께 마가다와 첨파(중인도 갠지스강에 인접한 지역)라는 성에 머물러 있었느니라.

그때 어떤 사냥꾼이 비둘기 한 마리를 추적하였는데, 그 비둘기는 두렵고 무서워서 사리불의 그림자가 있는 곳까지 와서도 여전히 파초나무처럼 전율하였으나, 나의 그림자 속

에 와서는 몸과 마음이 평안하여 공포가 사라지게 되었느니라.

그러므로 마땅히 여래 세존이 필경에 이르기까지 지키는 계율은 몸의 그림자까지도 이러한 위력이 있다는 것을 알아야 하느니라."

"선남자야, 비유하면 어떤 사람이 붓과 종이와 먹을 화합하여 글자를 이루는 것과 같나니, 이 종이 속에는 본래 글자가 있지 않느니라.

본래부터 글자가 없기 때문에 인연을 빌려서 이루나니, 만약 본래부터 있다면 어찌하여 뭇 인연을 필요로 하겠느냐?

비유하면 파란색과 노란색이 화합하여 초록색을 이루는 것과 같나니,

만약 본래부터 있다면, 어찌하여 화합하여 이루는 것을 필요로 하겠느냐?

선남자여, 비유하면 중생이 음식을 먹음으로 인하여 목숨을 얻는 것과 같나니, 이 음식 속에는 실로 목숨이 있지 않느니라,

만약 본래부터 목숨이 있다면, 음식을 먹지 않은 때에는 마땅히 음식이 목숨일 것이니라.

선남자여, 일체의 모든 법(法)은 본래 성품이 있지 않느니라."

부처님께서 말씀하셨다.

"선남자야, 과거를 있다고 이름 하느니라.

비유하면 귤을 심으면 싹이 생기고 종자가 소멸하는데, 싹도 또한 달콤하고 내지 풋열매 맛도 또한 그와 같지만, 익고 나면 곧 시어지느니라.

선남자여, 그런데 이 신맛은 종자와 싹과 내지 풋 열매에 모두 없었다가, 근본을 따라서 익을 때 형색과 모양이 곧 신맛을 내는 것이니, 이 신맛은 본래는 없다가 지금은 있는 것이니라.

비록 본래는 없다가 지금은 있더라도 근본으로 인하지 않는 것은 아니니라. 이렇게 본래의 종자가 비록 다시 과거일지라도 짐짓 있다고 이름하게 되나니, 이러한 의미 때문에 과거를 있다고 이름 하느니라.

어찌하여 다시 미래가 있다고 이름하는가?

비유하면 **어떤 사람이 호마(護摩)를 심을 때 다른 사람이 '어찌하여 이것을 심는가?'라고 물으면, 그는 '기름이 있기 때문이다'고 답하는 것과 같느니라.**

실제로는 아직 기름이 있지 않지만, 호마가 익은 뒤에 깨를 거두어 볶아서 찧고 압착한 후에 이에 기름을 뽑아내게 되므로, 마땅히 이 사람의 말이 허망하지 않다는 것을 알 것이니라. 이러한 의미 때문에 미래가 있다고 이름하느니라.

어찌하여 다시 과거가 있다고 이름하는가?

선남자여, 비유하면 어떤 사람이 외진 곳에서 왕을 비

난하였는데, 여러 해가 지난 뒤에 왕이 그것을 듣고 나서 '어찌하여 나를 비난하였느냐?'라고 묻자, 그 사람은, '대왕이여, 저는 비난하지 않았나이다. 왜냐하면 비난한 일이 이미 소멸하였기 때문입니다'라고 답하였다. 그러나 왕은, '비난한 일과 나의 몸이 둘 다 존재하거늘, 어찌하여 소멸하였다고 말하는가?'라고 하였으니, 그 인연으로 목숨을 잃게 되는 것과 같느니라.

선남자여, 그 두 가지가 실로 없지만 결과는 소멸하지 않나니, 이것을 과거가 있다고 이름 하느니라.

어찌하여 다시 미래가 있다고 이름하는가?

비유하면 **어떤 사람이 도공(陶師)에게 '병(瓶)이 있소?'라고 묻자 그 도공은 '병이 있소'라고 답하였느니라.**

도공에게는 실제로 아직 병이 없었지만, 진흙이 있기 때문에 병이 있다고 말한 것이니, 마땅히 이 사람의 말이 허망하지 않다는 것을 알 것이니라."

"선남자야, 물을 여의고 강이 없듯이 중생도 또한 그러하니, 오음(색色, 성聲, 향香, 미味, 촉觸)을 여의고 나서 따로 중생이 없느니라.

선남자야, 수레의 차체와 바퀴와 굴대와 바퀴살과 바퀴테를 여의고 다시 따로 수레가 없는 것처럼, 중생도 또한 그러하느니라.

선남자야, 등불이 비록 시시각각으로 소멸하여도 광명

이 있어 어둠을 제거하는 것처럼, 생각하는 마음 등의 모든 법도 또한 그와 같으니라.

선남자야, 중생의 식사가 비록 시시각각 소멸하여도 또한 굶주린 이로 하여금 배부르게 하는 것과 같느니라.

비유하면 좋은 약이 비록 시시각각으로 소멸하여도 또한 능히 병을 치유하고,

해와 달이 광명이 비록 시시각각으로 소멸하여도 또한 능히 수풀과 초목을 자라게 하는 것과 같으니라.

선남자야, 그대는 '시시각각으로 소멸하는데 어떻게 증장하겠는가'라고 말하였는데, 마음이 단절되지 않기 때문에 증장한다고 이름 하느니라.

선남자야, 사람이 글을 읽을 적에는 읽는 글자나 구절이 한꺼번에 읽혀지는 것이 아니라서 앞의 것이 중간에 이르지 못하고 중간의 것이 뒤에 이르지 못하여, 사람과 글자와 마음의 상념이 모두 시시각각으로 소멸하지만 오랫동안 수습(修習)하기 때문에 통탈하게 되느니라."

선남자야, 어떤 사람이 중병(重病)에 걸려서 더럽고 피폐한 약을 복용하였는데, 그 약을 마셔서 병이 치유되면 곧 기뻐하면서 '이 약은 가장 좋고 가장 미묘하여 능히 나의 질병을 치료하였다'고 찬탄하는 것과 같으니라.

선남자야, **어떤 사람이 배를 타고 바다를 건너다가 갑자기 그 배가 파손되어 의지할 데가 없었는데 죽은 시신에 의**

지하여 저 언덕에 도달하게 되면 크게 기뻐하면서 '이 시신
이 나의 기대에 상응하여 안온함을 얻었다'고 찬탄하는 것
과 같으니라."

"그때 그 사위성 안에 수달다라는 장자가 있었느니라.
그는 자식을 위하여 며느리를 맞으려고 왕사성으로 갔으
며, 그 성에 도달하자 산단나(왕사성 사람으로 광시라고 번역함)
장자의 집에서 묵었느니라.
　그때에 집 주인인 장자가 한밤중에 일어나 모든 권속
들에게, '그대들은 속히 함께 장엄하고, 집안을 청소하여
정돈하고 음식을 장만하라'고 일렀느니라.
　수달다는 이 말을 듣고 나서 '장차 마다가의 국왕을
초청하려는 것일까, 아니면, 경사스러운 혼인잔치가 있
는 것일까?'라고 혼자 생각했느니라. 이렇게 생각하고
나서 이윽고 장자에게 나아가 질문하였느니라.
　'대사여, 마가다국의 빈바사라왕을 초청하려고 하시오? 경
사스러운 혼인잔치가 있으시오? 무슨 일로 이렇게 황급히
서두르십니까?'
　장자(長者)가 대답하였느니라.
　'아닙니다. 거사여, 나는 내일 위없는 법왕이신 부처님
을 초청하려는 것입니다.'
　수달 장자는 처음으로 부처님이라는 이름을 듣고 온
몸의 털이 모두 곤두섰으며, 이윽고 다시 질문하였느니

라.

'어떠한 이를 부처님이라고 이름합니까?'

장자가 대답하였느니라.

'당신은 아직 듣지 못하였소? 가비라성 석가 종족의 한 아들이 있었는데, 이름은 싯달타이고, 성씨는 구담이며, 아버지는 백정이라고 이름하오.

그분이 태어난 지 오래되지 않아서 관상을 보는 이가 말하길, 장래에 반드시 전륜성왕이 될 것이니, 암마라 열매가 이미 손바닥 안에 있는 듯 확실하다'고 예언하였소. 그런데 그는 마음으로 쾌락은 원하지 않아서 그런 것을 버리고 출가하여 스승도 없이 혼자 깨달아 아뇩다라삼먁삼보리를 얻었소.

탐심과 성냄과 어리석음이 다 없어져서 항상 머물러 변함이 없고, 태어나지도 않고 소멸하지도 않아 근심과 두려움이 없으며, 모든 중생에 대한 그 마음이 평등하기가 마치 부모가 외아들을 평등하게 바라보는 것과 같으며, 소유하는 몸과 마음이 중생 가운데 가장 수승하고, 비록 일체에 대하여 수승하지만 교만함이 없으며, 칠하고 가르는 두 가지 일(도할이사塗割二事: 두 가지 사물을 하나로 합하거나, 한 가지 사물을 둘로 가르는 일을 의미함)에서도 그 마음에 두 가지가 없으며, 지혜가 통달하여 법에 대하여 걸림이 없으며, 열 가지 힘, 네 가지 두렵지 않음. 다섯 가지 지혜의 삼매, 대자대비 및 세 가지 생각하는 것을 구족하였으니, 이 때문에 부처님이라고 칭하오.

부처님께서 내일 나의 초청을 받으셨기 때문에 이토록 바빠서 서로 바라볼 겨를이 없는 것이오.'

수달다가 말하였느니라.

'훌륭하십니다. 대사여, 그대의 말처럼 공덕이 위없는 부처님은 지금 어디에 계십니까?'

장자가 대답하였느니라.

'지금 이곳의 왕사성에 있는 가란타의 죽림정사에 계시오.'

그때 수달다는 한 마음으로 부처님이 소유하는 공덕인 열 가지 힘, 네 가지 두려움 없음, 다섯 가지 지혜의 삼매, 대자대비 및 세 가지 생각하는 것을 생각하였는데, 이러한 생각을 하고 있는 때 홀연히 환하게 밝아졌느니라.

그 밝기가 맹렬하여 마치 대낮과 같았는데, 곧 그 광명을 찾아 나서 성문 아래 이르자 부처님의 신통한 힘으로 성문이 저절로 열렸느니라.

이미 문을 나서니 길가에 하늘의 신을 모시는 사당이 있어서 수달다가 지나가며 예배하며 공경하였더니 이윽고 도로 어두워졌느니라.

수달다가 마음으로 당황하고 두려워져서 다시 머무르던 곳으로 돌아오고자 하였는데, 그때 하늘의 신이 그 성문에 있다가 수달다에게 말하였느니라.

'어진이여, 만약 여래가 계신 곳에 가면 좋은 이익을 많이 얻을 것이니라.'

수달다가 말하였느니라.

'어떠한 것이 좋은 이익이란 말이오?'

하늘의 신이 대답하였느니라.

'장자여, 가령 어떤 사람이 진귀한 보배로 치장한 준마 백 필, 향기 나는 코끼리 백 마리, 보배 수레 백 대, 금으로 만든 사람의 수효가 다시 백 명, 몸에 영락을 차고 있는 단정한 여인, 여러 보배를 섞어 채운 매우 아름다운 궁전, 교묘하게 문장을 아로새긴 가옥, 금 쟁반에는 은으로 만든 곡식을 담고, 은 쟁반에는 금으로 만든 곡식을 담은 것 각각 백 개씩을 한 사람에게 보시하고, 이렇게 점점 염부제에 있는 사람에게 남김없이 보시하여 얻는 공덕일지라도 한 사람이 마음을 발하여 여래가 계신 곳으로 한 걸음 나아가는 것만 못하느니라.'

수달다가 물었느니라.

'선남자여, 그대는 누구요?'

하늘의 신이 대답하였느니라.

'장자여, 나는 승상 바라문의 아들로서 그대의 지난 옛적 선지식이니라.

나는 지난날, 사리불과 대목건련을 보고 환희하는 마음을 일으킨 인연으로, 몸을 버린 뒤에 북방의 천왕인 비사문의 아들이 되어서 이 왕사성을 수호하게 된 것이니라.

내가 사리불 등을 예배하고 환희하는 마음을 일으킨 인연으로도 이렇게 훌륭한 몸을 얻었거늘, 하물며 마땅히 여래이신 대사님을 뵙고 예배하며 공경하는 것임에랴.'

수달 장자는 이 말을 듣고 나서, 곧 다시 발걸음을 돌려 나의 처소로 찾아왔으며, 도착하고 나선 자신의 얼굴을 나의 발에 대고 경례를 하였느니라.

나는 그때 곧 그를 위하여 상응하는 법을 말하였더니, 장자는 듣고 나서 수다원의 과보를 얻었으며, 과보를 증득하고 나서 다시 나에게 청하였느니라.

'크게 자비로운 여래시여, 오직 원하옵건대 굽어 살피시어 사위성에 왕림하셔서 저의 공양을 받아 주소서.'

나는 물었느니라.

'경의 사위국에 과연 우리를 수용할 만한 정사가 있겠느냐?'

수달다가 대답하였느니라.

'만약 부처님께서 저를 애처롭게 여기시어 왕림하신다면, 마땅히 스스로 힘을 다하여 사원을 짓겠나이다.'

선남자야, 나는 그때에 묵연히 소청을 받아들였느니라.

수달다 장자는 허락을 받고는 곧 나에게, **'저는 지금까지 이런 일을 해본 적이 없사오니, 오직 바라옵건대 여래께서 사리불을 보내시어 지켜야 할 법칙을 가르쳐 주옵소서'**

라고 하였느니라.

그래서 나는 곧 명령을 내려서 사리불에게 가서 경영하여 도우라고 하였느니라.

그때 사리불은 수달다와 함께 한 수레를 타고 사위성으로 갔는데, 나의 신통한 힘으로 하루 밤낮을 지나서 문득 목적지에 도달하였느니라.

그때에 수달다가 사리불에게 말하였느니라.

'대덕이시여, 이 큰 성 밖 어디든지 가깝지도 않고 멀리지 않은 곳으로서 샘과 연못이 많고, 좋은 수림에 꽃과 열매가 무성하며, 청정하고 한적한 데가 있으면, 저는 마땅히 그 속에 부처님 세존과 스님들을 위하여 사원을 건립하겠나이다.'

사리불이 말하였느니라.

'기타의 동산은 가깝지도 않고 멀지도 않으며, 청정하고 적막하며, 샘과 연못이 많이 있고 수목과 꽃과 열매도 제철에 맞게 있으니, 그곳이 사원을 건립하기에 가장 좋겠소이다.'

수달다는 이 말을 듣고 곧 기타 대장자의 처소에 가서 기타에게 말하였느니라.

'나는 지금 위없는 법왕을 위하여 승방을 지으려고 하는데, 오직 그대의 동산이 사원을 짓기에 적당하구려. 나는 지금 그 동산을 사고자 하는데, 능히 나에게 주지 않으려오?'

기타가 대답하였느니라.

'설사 진짜 금을 그 땅에 두루 깔아 놓을지라도 팔 수 없소이다.'

수달다가 말하였느니라.

'좋소이다. 기타여, 동산의 땅은 내 것이 되었으니, 그대는 금이나 가지시오.'

기타가 대답하였느니라.

'나는 동산을 팔지 않았는데 무엇 하러 금을 가지겠소.'

수달다가 말하였느니라.

'만약 뜻에 맞지 않는다면, 마땅히 나와 함께 재판관에게 찾아갑시다.'

그래서 두 장자는 곧 함께 재판관에게 갔더니, 재판관은 이렇게 말하였느니라.

'동산은 수달다에게 속하니, 금을 받으시오.'

수달장자는 즉시 사람을 시켜 말과 수레에 금을 실어 오게 해서 모이는 대로 땅에 깔았지만, 하루 동안 오백 보도 금을 채 깔지 못하였더니라. 기타가 말하였느니라.

'장자여 만약 후회되거든 뜻에 따라 그만두어도 좋소.'

수달다가 말하였느니라.

'나는 후회하지 않소. 생각건대 창고의 금은 더 가져오면 넉넉할 것이오.'

그러자 기타는, '여래이신 법왕은 진실로 위없으시고,

말씀하시는 미묘한 법은 청정하여 오염이 없구나'고 생각하고서, 곧 수달다에게 말하였느니라.

'나머지 미처 깔지 못한 금은 다시 요구하지 않고 그대로 당신에게 주겠소. 나는 스스로 부처님을 위하여 문루를 지어서 항상 여래께서 그 문을 지나 출입(出入)하시도록 하겠소.'

그리하여 기타 장자는 스스로 문루를 짓고, 수달 장자는 이레 동안 삼백 구(三百口)나 되는 큰 집을 지었는데, 조용한 선방이 예순세 곳에 이르고 겨울을 지내는 방과 여름을 보내는 방이 각각 다르며, 주방과 욕실과 발 씻는 곳과 크고 작은 화장실 등 고루 갖추지 않은 것이 없었느니라.

사원(寺院) 짓는 일을 마치자, 향로를 받들고 멀리 왕사성을 향해 이렇게 말하였느니라.

'지을 것을 이미 마치었사오니, 오직 바라옵건대 여래(如來)께서는 자애롭게 연민하셔서 모든 중생을 위하여 이 거처를 받아 주옵소서.'

나는 그때 멀리서 이 장자(長者)의 마음을 알고 대중과 함께 왕사성을 출발했는데, 마치 장사가 팔을 한 번 굽혔다 펴는 것과 같은 짧은 순간에 사위성 기타의 동산 수달다의 정사에 도달하였느니라.

내가 도달하자 수달다 장자는 그 지은 정사를 나에게 받들어 보시하였느니라. 나는 그때에 받고 나서 그 안에 머물었더니라."

"나는 그때에 중생을 위하여 첨파성으로 가니 마침 그 성 안에는 큰 장자가 있었는데, 자손이 없어서 육사(六師)를 공양(供養)하고 받들면서 자식을 구하였느니라.

그 후 오래지 않아 부인이 곧 임신을 하였는데, 장자는 그것을 알고는 육사에게 가서 환희하며 말하였느니라.

'나의 아내가 아기를 배었는데, 아들입니까, 딸입니까?'

육사(六師)가 대답하였느니라.

'틀림없이 딸이 태어나리라.'

이 말을 들은 장자는 마음으로 근심하고 고뇌(苦惱)하였는데, 어떤 친구가 찾아와서 장자에게 말하였느니라.

'어찌하여 이렇게 근심하고 고뇌하는가?'

장자가 대답하였느니라.

'나의 아내가 아이를 배었는데, 아들인지 딸인지 알지 못하여 육사에게 물었더니, 육사가 '우리가 관상법(觀相法)을 보기로는 딸이 태어나리라'고 하였네. 내가 그 말을 듣고 스스로 생각하건대, 나이는 많아 늙었고 재산은 한량없는데, 만일 자식이 아들이 아니라면 유산을 상속할 수 없게 되니, 이 때문에 근심하고 고뇌한다네.'

친구가 다시 말하였느니라.

'자네는 지혜가 없네. 이전부터 듣지 못하였는가? 우루빈나가섭 형제는 누구의 제자인가? 부처님인가, 육사인가?

만약 일체지(一切智)라면, 가섭이 어찌하여 그들을 버리어 섬기지 않고 부처님의 제자가 되었겠는가?

또 사리불이나 목건련 등과, 여러 나라의 국왕인 빈바사라왕 등과, 여러 국왕의 부인인 말리 부인 등과, 여러 나라의 장자인 수달다 등 이러한 사람들도 모두 부처님의 제자가 아닌가?

광야의 귀신과 아사세왕의 재물을 수호하는 취한 코끼리왕 앙굴마라는 나쁜 마음이 치성하여 그 어머니를 해치려고 하였는데도, 이러한 무리들이 모두 여래께 조복되지 않았던가?

장자여, 여래 세존께서는 일체법에 대한 지견이 걸림 없기 때문에 부처님이라고 이름하며,

하시는 말씀이 두 가지가 없기 때문에 여래라고 이름하며,

번뇌를 단절하였기 때문에 아라한이라고 이름한다네.

세존께서 하시는 말씀에는 끝내 두 가지가 있지 않으나, 육사는 그렇지 않거늘 어떻게 믿겠는가.

여래께서 지금 여기 가까운 곳에 계시니 만약 진실로 알고자 하거든 마땅히 부처님께 찾아가게나.'

그러자 장자는 곧 사람과 함께 나에게 찾아와서 머리

를 조아려 예배하고는 오른쪽으로 세 번 돌고서 합장하여 끓어 앉아 이렇게 말하였느니라.

'세존이시여, 모든 중생에게 평등하여 두 가지가 없으시며, 원수와 친한 이에게 한 가지 모습이오나, 저는 애욕(愛慾)의 번뇌(煩惱)에 결박되어 원수와 친한 이에게 두 가지가 없을 수 없나이다.

저는 지금 여래에게 세상의 일을 여쭈고자 하오나, 스스로 너무나 부끄럽고 황송하여 감히 말씀드리기 어렵나이다.

세존이시여, 저의 아내가 아기를 배었는데, 육사는 관상을 보고 태어나는 것은 반드시 딸이리라고 말하였으니, 이 일을 어찌해야 하오리까?'

나는 말하였느니라.

'장자여, 그대의 아내는 아들을 임신하였느니 이는 의심할 바 없으며, 그 아이가 태어나면 복덕(福德)이 그지 없으리라.'

장자는 나의 말을 듣고는 크게 환희하면서 문득 물러나 집으로 돌아갔느니라.

그때에 육사들은 내가, '태어나는 것은 반드시 아들로서 큰 복덕이 있으리라'고 예언한 말을 듣고, 마음으로 질투를 하면서 암라 열매에 독약을 섞어 그 집에 가지고 가서 장자에게 말하였느니라.

'쾌재로다. 구담은 관상을 잘 말하였소. 그대의 부인은 만삭이 되었으니 이 약을 복용시키시오. 이 약을 복용하

면 아이도 단정하고 산모도 탈이 없을 것이오.'

장자는 기뻐하면서 그 독약을 받아 아내에게 주어 마시게 하였느니라. 약을 마신 아내는 곧 죽었느니라. 육사들은 기뻐하면서 성의 도시를 두루 다니며 큰 소리로 이렇게 외쳤느니라.

'사문 구담은 저 장자의 아내가 마땅히 아들을 낳을 것이고, 그 아들의 복덕(福德)이 천하에 비길 것이 없다고 예언하였지만, 이제 아들이 태어나기도 전에 어머니가 이미 목숨을 잃었도다.'

그러자 장자는 더 이상 나의 말을 마음으로 믿지 않고, 곧 세상 법에 의거해서 아내를 염습하여 관에 넣고는 성 밖으로 보내, 마른 땔감을 많이 쌓고 불을 질러 태웠느니라.

나는 도안(道眼)으로 이러한 일을 분명히 본 뒤 아난을 돌아보며 명하였느니라.

'나의 옷을 가져 오너라. 나는 저기에 가서 삿된 견해를 부숴버리고자 하노라.'

그때에 비사문천이 마니발타 대장에게 이렇게 말하였느니라.

'여래께서 지금 저 무덤 사이로 가시고자 하니, 그대는 속히 가서 평탄하게 다스리고 깨끗이 청소해서 사자좌를 안치하고, 미묘한 꽃과 향을 구하여 그 지역을 장엄하게

하라.'

그때 육사들은 멀리서 내가 오는 것을 보고는 그들은 각자 서로 말하였느니라.

'사문 구담이 이 무덤 사이로 오는데, 고기라도 씹어 먹으려고 하는가?'

그때 법안(法眼)을 얻지 못한 우바새들이 많이 있었는데, 각자 참괴한 생각을 품고 나에게 말하였느니라.

'그 부인(婦人)은 이미 죽었사오니, 바라건대 가지 마소서.'

그때에 아난이 여러 사람에게 말하였느니라.

'잠시만 기다리시오. 여래께서는 오래지 않아 마땅히 모든 부처님의 경계를 널리 열어 보일 것이오.'

내가 그곳에 도착하여 사자좌에 앉았더니, 장자가 힐난하며 말하였느니라.

'말하는 바에 두 가지가 없어야 세존이라고 이름 하거늘, 어미가 이미 죽었으니 어떻게 아들을 낳겠나이까?'

나는 말하였느니라.

'장자여, 그대는 그때 어미의 목숨이 길고 짧은 것에 대해선 전혀 묻지 않고 단지 잉태한 아기가 아들인지 딸인지만 물었느니라.

모든 부처님 여래는 두 가지 말을 하지 않나니, 그러므로 결정코 마땅히 아들을 얻는다는 것을 알아야 하느

니라.'

그때 죽은 시신이 불에 타면서 배가 터지자 아들이 그 속에서 나와 불 속에 단정하게 앉았는데 그 모습이 마치 원앙이 연화대에 거처하는 것과 같았느니라.

그러자 육사들은 이를 보고 다시 이렇게 말하였느니라.

'요사스럽도다. 구담이여, 요술을 잘 하는구나.'

장자는 이 광경을 보고는 다시 환희심을 일으키면서 육사들을 꾸짖었느니라.

'만약 요술이라고 말한다면, 그대들은 어찌하여 하지 못하는가?'

나는 그때 기바에게 말하였느니라.

'그대는 불 속으로 들어가서 저 아기를 안아 오너라.'

기바가 들어가려고 하였는데, 육사들이 끌어당기면서 기바에게 말하였느니라.

'구담이 부린 요술은 반드시 오래가지 못할 것이오, 그대는 아이를 꺼낼 수도 있고 꺼낼 수 없기도 하겠지만, 만일 꺼낼 수 없다면 둘 다 불에 타서 목숨을 잃게 될 터인데, 그대는 지금 어찌하여 그 말을 믿고서 받아들이는가?'

기바가 대답하였느니라.

'여래께서 아비지옥(阿鼻地獄)에 들어가라고 시키면 지옥의 맹렬한 불길도 태울 수 없거늘, 하물며 세간의 불

이겠는가.'

마침내 기바는 앞으로 나아가 불더미 속에 들어가기를 마치 시원한 강물 속에 들어가듯 하였느니라. 그리고는 그 아이를 안아 가지고 나에게 돌아와서는 아기를 나에게 주었으며, 나는 아이를 받고 나서 장자에게 고하였느니라.

'일체 중생의 수명은 일정하지 않은 것이 마치 물 위에 거품 같느니라.

중생이 만약 중대한 업의 과보가 있으면, 불도 그를 태울 수 없고 독약도 해칠 수 없나니 이것은 이 아이의 업보이지 내가 지은 것이 아니니라.'

그때 장자가 말하였느니라.

'훌륭하십니다, 세존이시여, 이 아이가 만약 그 천명을 다할 것 같으면, 오직 바라옵건대 여래께서 그 이름을 지어 주소서.'

나는 말하였느니라.

'**장자여 이 아이는 맹렬한 불 속에서 태어났고, 불은 수제라고 이름하니, 마땅히 수제(樹提)라고 이름하라.'**"

"선남자야, 보름날에 달이 가장 둥글게 될 때에는 열한 가지 일이 있으니, 어떠한 것들이 그 열 하나인가?
**첫째는 능히 어둠을 없애고,
둘째는 중생으로 하여금 길인지 길이 아닌지를 보게**

하고,

셋째는 중생으로 하여금 길이 잘못되거나 바른가를 보게 하고,

넷째는 가슴이 답답하고 더운 증세를 제거하여 청량한 즐거움을 얻게 하고,

다섯째는 반딧불같이 거만한 마음을 파괴하고,

여섯째는 일체의 도둑질할 생각을 쉬게 하고,

일곱째는 중생의 나쁜 짐승을 두려워하는 마음을 제거하고,

여덟째는 능히 우담바라 꽃을 피게 하고,

아홉째는 연꽃을 오무리게 하고,

열째는 다니는 사람으로 하여금 길로 나아갈 마음을 내도록 하고,

열한째는 모든 중생으로 하여금 다섯 가지 욕망을 즐거이 감수해서 많은 쾌락을 얻게 하느니라.

선남자야, 여래의 보름달 또한 그와 같나니,

첫째는 무명(無明)의 큰 어둠을 파괴하고,

둘째는 바른 도(道)와 삿된 도를 연설하고,

셋째는 태어나고 죽는 것은 험난하며 삿되고 열반(涅槃)은 평탄하여 바른 것을 보여 주고,

넷째는 사람들로 하여금 탐욕과 성냄과 어리석음의 뜨거움을 멀리 여의게 하고,

다섯째는 외도(外道)의 무명(無明)을 파괴하고,

여섯째는 번뇌의 도적을 파괴하고,

일곱째는 다섯 가지 덮개(五蘊)를 두려워하는 마음을 제거해 버리고,

여덟째는 중생의 선근을 심는 마음을 개화하게 하고,

아홉째는 중생의 다섯 가지 욕망을 탐내는 마음을 덮어주고,

열째는 중생이 수행에 매진해서 대열반으로 나아가려는 행위를 발생시키고,

열한째는 모든 중생으로 하여금 해탈을 좋아하여 수행케 하느니라."

"선남자야, 때 묻은 옷을 빨 적에 먼저 잿물에 담갔다가 나중에 맑은 물로 행구면 옷이 깨끗해지는 것처럼, 보살의 선정과 지혜도 또한 그와 같으니라.

선남자야, 먼저 읽고 외우고 나중에 그 의미를 이해하는 것처럼, 보살의 선정과 지혜도 또한 그와 같으니라.

선남자야, 비유하면 용감한 사람이 먼저 갑옷과 병장기로 자신을 견고하게 장엄하고 나중에 진중을 통솔하면 능히 원수진 적을 파괴할 수 있는 것처럼, 보살의 선정과 지혜도 도한 그와 같으니라.

선남자야, 비유하면 솜씨 좋은 공장이 도가니에 금을 채우고서 자재하게 마음대로 휘저어 녹이는 것처럼, 보살의 선정과 지혜도 또한 그와 같으니라.

선남자야, 비유하면 밝은 거울로 모습을 비추는 것처

럼, 보살의 선정과 지혜도 또한 그와 같으니라.

선남자야, 먼저 땅을 고르게 하고 나중에 종자를 심으며, 먼저 스승에게 배우고 나중에 그 의미를 사유하는 것처럼, 보살의 선정과 지혜도 또한 그와 같으니라."

"선남자야, 무거운 업(業)을 가볍게 하거나 가벼운 업을 무겁게 할 수도 있지만, 일체의 사람이 그러한 것이 아니라 오직 어리석거나 지혜있는 이만 그러하니라.

선남자야, 일체 중생에 무릇 두 가지가 있으니,

첫째는 지혜 있는 사람이고,

둘째는 어리석은 사람이니라.

지혜 있는 사람은 지혜의 힘으로 능히 지옥에서 받을 지극히 무거운 업을 현세에서 가볍게 받기도 하고,

어리석은 사람은 현세에서 받을 가벼운 업을 지옥에서 무겁게 받기도 하느니라."

"세존이시여, 만약 그렇다면 곧 응당 범행(梵行)과 해탈(解脫)의 과보를 구하지 않으리이다."

"선남자야, 만약 일체의 업이 결정코 과보를 받는다면 곧 응당 범행과 해탈을 구하지 않을 것이지만, 결정되지 않았기 때문에 곧 범행과 해탈의 과보를 수행하느니라.

선남자야, 만약 능히 일체의 악한 업을 멀리 여의면 곧 선한 과보를 받고, 만약 선한 업을 멀리 여의면 곧 악한 과보를 받느니라."

"선남자야, 나는 지난 옛적에 제바달다와 함께 상인의 우두머리가 되어서 각자 오백 명의 상인을 거느렸느니라. 이익을 추구하기 위하여 큰 바다에 들어가 진귀한 보배를 채취하다가 나쁜 업의 인연 때문에 도중에 폭풍을 만나 선박이 파손되고 무리들이 모두 죽었느니라.

그러나 그때 나와 제바달다는 살생을 하지 않은 과보로 장수할 인연 때문에 바람에 불려 함께 육지에 도달하였느니라. 그때 제바달다가 보물을 탐내고 아까와 하면서 크게 근심하고 괴로워하며 소리 내어 통곡하길래, 내가 '제바달다여, 통곡하지 마시오'라고 하였더니, 제바달다는 곧 나에게 이렇게 말하였느니라.

'잘 듣고 잘 들어 보시오. 비유하면 어떤 빈궁하고 곤고한 사람이 무덤들이 있는 곳에 이르러 손으로 시신을 붙잡고 말하기를, 바라건대 '그대가 지금 나에게 죽음의 즐거움을 준다면, 나는 마땅히 그대에게 빈궁한 수명을 주겠노라'고 하였더니, 시신이 곧 바로 일어나 앉아서 빈궁한 사람에게 말하기를, '선남자야, 빈궁한 수명은 그대 자신이나 가지시오. 나는 지금 이러한 죽음의 즐거움을 매우 좋아하고 있으며, 진실로 빈궁하게 사는 그대의 모습을 반가워하지 않노라'고 하였소,

그런데 나는 지금 이미 죽음의 즐거움도 없는데다 다시 빈궁하기까지 하니 어떻게 통곡하지 않겠소.'

나는 다시 위로하여 말하였느니라. '그대는 너무 근심

하지 마시오. 지금 내게는 그 값어치를 헤아릴 수 없는 두 개의 보배의 구슬이 있는데 마땅히 한 개를 그대에게 나누어 주리다' 나는 곧 나누어 준 뒤에 다시, '생명이 있는 사람이니까 이런 보배를 갖는 것이지, 만일 그 생명이 없다면 누가 가질 수 있겠소'라고 하였느니라.

나는 그때 피곤에 지쳐 한 나무 아래로 가서 휴식을 취하며 누워 잠들었는데, 탐욕의 마음이 불같이 타오른 제바달다는 남은 한 개의 구슬을 마저 빼앗기 위하여 곧 나쁜 마음을 일으켜서 나의 눈을 찔러 망쳐놓고 나의 구슬을 빼앗았느니라. 나는 그때 상처를 걱정해서 큰 소리로 부르짖었더니, 한 여인이 나에게 다가와서, '어진이여, 어찌하여 이렇게 부르짖는 것이오?'라고 물었으므로 나는 곧 그녀에게 본래의 사연을 자세히 말하였느니라.

여인이 듣고 나자 다시 거듭 나에게, '당신의 이름은 어찌 되오?'라고 묻기에 나는 곧 대답하기를, **'진실하게 말한다(實語)라고 이름하오'**라고 하였느니라.

여인이 말하기를, '어떻게 당신이 진실하게 말한다는 것을 알 수 있겠소?'라고 하기에 나는 곧 맹서를 하면서 **'만약 내가 지금 제바달다에게 나쁜 마음을 품고 있다면 마땅히 내 눈은 이렇게 영원히 멀어버릴 것이고, 만일 그렇지 않다면 마땅히 도로 눈을 회복할 것이오'라고 말하고 나자, 그 눈이 다시 예전처럼 되었느니라."**

"선남자야, 나는 지난 옛적에 남천축의 부단나성의 바
라문 집안에 태어났느니라. 그때 가라부(취지臭地라고 번
역함)라는 이름의 왕이 있었는데, 그 성질이 포악하고
교만하고 위대한 척하였으며, 나이는 젊고 잘 생겨서 다
섯 가지 욕망에 탐착하였느니라.

나는 그때 중생을 제도하기 위하여 그 성 밖에 머물면
서 고요히 선정에 들어 사유하고 있었느니라.

어느 봄날, 왕은 나무에 꽃이 피자, 그 권속과 궁궐과
채녀들과 성을 나와서 유람하다가 수풀 아래서 다섯 가
지 욕망을 즐겼느니라.

그 채녀들은 왕을 떠나 유람하다가 마침내 나의 처소
에 이르렀는데, 나는 그때 그들의 탐욕을 단절하기 위하
여 법을 말하였느니라.

이윽고 왕이 찾아와서 곧 나를 발견하고서 문득 나쁜
마음을 일으켜 나에게, '그대는 지금 이미 아라한(阿羅漢)
과보를 얻었소?'라고 묻기에, 나는 '얻지 못 하였소'라고
답하였느니라.

그러자 왕은 다시 '아나함 과보를 얻었소?'라고 물었으
며 나는 '얻지 못 하였소'라고 하였느니라.

왕이 다시 말하기를, '그대가 지금 만약 이 두 가지
과보를 얻지 못하였다면 곧 탐욕의 번뇌를 구족하였을
터인데, 어찌하여 방자하게 나의 여인을 바라보는가?'라
고 하기에, 난 곧 '대왕이시여, 마땅히 알아야 하오. **나**

는 지금 비록 탐욕의 결박을 단절(斷切)하지는 못하였으나, 그 내면의 마음에는 진실로 집착(執着)이 없소'라고 답하였느니라.

그러자 왕이 말하기를, '어리석은 사람아, 세상에 있는 온갖 선인들이 기(氣)를 흡수하고 과일만을 먹으면서도 여색을 보면 탐욕하거늘, 하물며 그대는 왕성한 나이에다 탐욕을 단절하지 못하였으니, 어찌 여색을 보고도 마땅히 탐욕하지 않겠는가'라고 하기에,

나는 '대왕이여, 색(色)을 보고도 집착하지 않는 것은 실로 기(氣)를 흡수하고 과일을 먹는 것에 인하지 않고, 모두 마음으로 항상하지 않고 깨끗하지 않다고 생각을 모으는 것에 기인하오'라고 하였느니라.

왕이 말하기를 '만약 타인을 경시하고 비방(誹謗)한다면 어떻게 청정한 계율을 수행해서 다스린다고 이름할 수 있으리오?'라고 하기에, 나는 '대왕이여, 만약 질투하는 마음이 있다면 곧 비방하겠으나, 나에게는 질투하는 마음이 없으니 어떻게 비방(誹謗)하겠소'라고 하였느니라.

그러자 왕이, '대덕이여, 어떠한 것을 계(戒)라고 이름하오?'라고 묻기에,

'대왕이여, 인내하는 것을 계(戒)라고 이름하오'라고 하였더니,

왕은, '인내하는 것이 계(戒)라면, 마땅히 그대의 귀를 자를 터이니 그래도 능히 한다면 그대가 계를 지키는 것

을 알 수 있으리라' 하고는 곧 귀를 잘랐느니라.

그때 나는 귀를 잘리면서도 안색이 변하지 않았느니라.

그때 왕의 신하들이 이 사건을 보고 나자, 곧 왕에게 간하여 말하기를, '이러한 대사에게 해를 가하지 마옵소서'라고 하였더니,

왕이 신하들에게 말하기를, '그대들은 어떻게 이 사람이 대사인 줄을 아는가?'라고 물었다.

신하들이 대답하기를, '**괴로움을 받을 때에도 얼굴색이 변하지 않는 것을 보았나이다**'라고 하였으나,

왕은 다시 말하기를, '나는 마땅히 다시 시험해서 얼굴색이 변하는지 변하지 않는지를 알아 보겠노라'고 하고는, 곧 코를 베고 손과 발을 베었느니라.

그때에 보살(菩薩)은 이미 한량없고 끝이 없는 세상에서 자비(慈悲)를 수행하였으므로 고통 받는 중생을 가엾게 여기었느니라.

그때 사천왕이 분노한 마음을 품고서 모래와 자갈과 돌을 비처럼 내리었더니, 왕이 그 광경을 보고 나서는 마음으로 크게 두려워하면서 다시 나에로 와서 꿇어 앉아 말하기를, '오직 바라건대 애처롭게 여기시어 저의 참회를 받아 주소서'라고 하였느니라.

나는 말하기를, '**대왕이여, 나의 마음에 성냄이 없으니 그것은 탐욕이 없는 것과 같소이다**'라고 하였느니라.

왕이 말하기를, '대덕이시어, 어떻게 성내는 마음이 없다는 것을 알 수 있겠나이까?'라고 하기에,

나는 곧 '나에게 만약 진실로 성냄이 없다면 이 몸이 다시 예전처럼 될지어다'라고 서원을 발하였더니, 곧 몸이 다시 예전대로 되었느니라.

이것을 보살마하살이 현세의 과보를 말한다고 이름하느니라."

"선남자야, 비유하면 두 사람이 왕에게 죄를 지었는데, 권속이 많은 이는 그 죄가 곧 가벼워지고, 권속이 적은 이는 응당 가벼워져야 할 죄가 다시 무거워지는 것과 같으니라.

어리석거나 지혜로운 사람도 또한 그와 같아서 지혜로운 이는 선한 업이 많기 때문에 무거운 업도 곧 가볍게 받고, 어리석은 이는 선한 업이 적기 때문에 가벼운 업도 곧 무겁게 받느니라."

"선남자야, 비유하면 어떤 왕이 한 대신에게 '그대는 코끼리 한 마리를 이끌고 가서 맹인(盲人)에게 보이라'고 하였다고 하자. 대신은 왕의 명령을 받들어서 많은 맹인들을 모아 놓고 코끼리를 보여 주었더니, 그 맹인들은 각자 손으로 만져 보았느니라.

대신이 곧 돌아가서 왕에게 '신(臣)이 이미 코끼리를 보여 주었나이다'라고 보고하자 대왕은 곧 맹인(盲人)들

을 불러서 각각에게 물었느니라.

'너희들은 코끼리를 보았느냐?'

그러자 맹인들은 각자 말하기를, '저희는 이미 보았나이다'라고 하였느니라.

왕이 '코끼리가 무엇과 같더냐?'라고 물었더니,

상아를 만진 사람은 코끼리의 형상이 무우 같다고 말하고,

그 귀를 만진 사람은 코끼리가 삼태기 같다고 말하고,

그 머리를 만진 사람은 코끼리가 바위 같다고 말하고,

그 코를 만진 사람은 코끼리가 절구공이 같다고 말하고,

그 다리를 만진 사람은 코끼리가 나무절구 같다고 말하고,

그 등을 만진 사람은 평상 같다고 말하고,

그 배를 만진 사람은 코끼리가 항아리 같다고 말하고,

그 꼬리를 만진 사람은 코끼리가 줄 같다고 말하였느니라.

선남자야, 그 맹인들은 코끼리의 전체를 말한 것이 아니지만 또한 말하지 않은 것도 아니니라.

이러한 모습들은 모두 코끼리가 아니지만 이것을 떠나서 그 밖에 따로 코끼리가 있는 것은 아니니라."

12. 가섭보살품(迦葉菩薩品)의 말씀 중에서

"그러므로 다른 경典에서 말하기를, 다섯 가지 중생에게 응당 다시 다섯 가지 法을 말하지 말 것이니,

믿지 않는 이에게 바르게 믿는 것을 찬탄(讚嘆)하지 말고,

계율(戒律)을 훼손하는 이에게 계율을 지키는 것을 찬탄하지 말고,

인색하고 욕심 많은 이에게 보시하는 것을 찬탄하지 말고,

게으른 이에게 많이 배우는 것을 찬탄하지 말고,

어리석은 이에게 지혜 있는 것을 찬탄하지 말 것이니라'

고 하였느니라.

"선남자야, 나는 어느 때에 다시 말하기를, '시주는 보시할 때 다섯 가지 사항으로 보시하나니, 어떠한 것들이 그 다섯 가지인가?

첫째는 물질적인 것을 보시하고,

둘째는 힘을 보시하고,

셋째는 편안함을 보시하고,

넷째는 수명을 보시하고,

다섯째는 변재를 보시하느니라.”

“‘잠시 나왔다가 도로 잠기는 이’는 나의 불법 가운데 누구이겠느냐.

말하자면 **제바달다, 구가리 비구, 완수 비구, 선성 비구, 저사 비구, 만숙 비구, 자지(慈地) 비구니, 광야 비구니, 방 비구니, 만 비구니, 정결 장자, 구유 우바새, 사륵석종, 상 장자, 명칭 우바이, 광명 우바이, 난다 우바이, 군 우바이, 영 우바이** 등이니, 이러한 사람들을 잠시 나왔다가 도로 침몰한다고 이름 하느니라.

비유하면 큰 물고기가 광명을 보기 위하여 나왔다가 몸이 무거워서 잠기는 것과 같으니라.

둘째 사람이 수행이 구족하지 못한 것을 깊이 스스로 깨닫고, 구족하지 못하였기 때문에 선지식을 가까이 하려고 하며, 선지식을 가까이하기 때문에 듣지 못한 것을 기꺼이 자문하며, 듣고 나서 기꺼이 받아 지니며, 받아 지니고 나서 기꺼이 잘 사유하며, 잘 사유하고 나서 능히 법답게 머무르며, 법답게 머무르기 때문에 선한 法을 증장시키기 때문에 끝내 다시는 잠기지 않나니, 이것을 머문다고 이름 하느니라.

나의 불법 가운데 그런 이가 누구이겠느냐?

말하자면 **사리불, 대목건련, 아약교진여 등의 다섯 비구, 야사 등의 다섯 비구, 아누루타, 동자가섭, 마하가섭, 십력 가섭, 수구담미 비구니, 파타라화 비구니, 승 비구니, 실의**

비구니, 의 비구니, 발타 비구니, 정 비구니, 불퇴전 비구니, 빈바사라왕, 욱가 장자, 수달 장자, 석마남, 빈수 달다, 서랑 장자의 아들, 명칭 장자, 구족 장자, 사자 장군, 우파리 장자, 도 장자, 무외 우바이, 선주 우바이, 구신 우바이, 우득 우바이, 광야 우바이, 마하사나 우바이 등이니라.

이러한 비구, 비구니, 우바새, 우바이들을 머문다고 이름할 수 있으니, 어떠한 것을 머문다고 하는가?

항상 선한 광명을 바라보기를 좋아하기 때문이니, 이러한 인연으로 혹은 부처님께서 세상에 출현하거나 혹은 세상에 출현하지 않더라도 이러한 사람들은 끝내 악한 업을 짓지 않나니, 이것을 머문다고 이름하느니라."

"선남자야, 지혜가 구족하지 못함에 무릇 다섯 가지 사항(믿음, 계율, 보시, 다문, 지혜)이 있거니와, 이 사람이 그것을 알고서 선지식을 친근하려고 하면, 그러한 선지식은 마땅히 이 사람의 탐욕과 성냄과 어리석음과 생각함의 어느 것이 많이 치우쳤는가를 관찰할 것이니라.

만약 이 사람이 탐욕이 많은 것을 알면 곧 응당 그를 위하여 부정관(不淨觀)을 말해 주어야 하고,

성냄이 많은 이에게는 그를 위하여 자비(慈悲)를 말해 주어야 하고,

생각함이 많은 이에게는 마땅히 그를 위하여 수식관(數息觀)을 가르쳐 주어야 하며,

자아(自我)에 대한 집착이 많은 이에게는 마땅히 그를 위하여 열여덟 가지 계(十八戒) 등을 분석해 주어야 하느니라."

부처님이 말씀하셨다.

"선남자야, 이 사람은 현재 사대가 쇠약하여 도를 수행하지 못하느니라.

비록 어떤 비구(比丘)가 사대(四大)가 건강하더라도 집, 음식, 의복, 와구, 의약이 없으면 뭇 인연을 구족하지 못하기 때문에 현재에 열반하지 못하느니라.

선남자야, 나는 옛적 어느 때에 사위국 아나빔저 정사(급고독원 정사)에 머물러 있었느니라. 그때에 어떤 비구가 나에게로 찾아와서 말하기를 '세존이시여, 저는 항상 도를 닦지만 수다원 과보로부터 아라한 과보까지 얻을 수가 없나이다'고 했느니라.

나는 그때에 곧 아난에게 고하여 말하기를, '너는 지금 마땅히 이 비구를 위하여 필요한 물건들을 갖추어 주어라' 하였더니. 아난이 그 비구를 데리고 기타숲에 가서 좋은 방을 마련하여 주었느니라.

그러자 비구가 아난에게 말하기를 '대덕이여, 오직 바라건대 나를 위하여 방을 장엄하고 정결하게 수리해서 일곱 가지 보배로 장엄하게 꾸미고 비단으로 만든 번기와 일산을 달아 주시오'라고 하기에, 아난이 말하기를 '세상에서 가난한 이를 사문이라고 이름 하는데, 내가 어떻게 그런 것을 능히 마련하겠는가?'고 하였느니라.

그러자 비구가 말하기를, '대덕(大德)이여, 만약 나를 위하여 이런 것을 능히 마련해 주면 좋고도 좋겠으나, 만약 가능하지 못하다면 나는 마땅히 세존이 계신 곳으로 다시 돌아가겠소'라고 하였느니라.

그때 아난은 곧 부처님이 계신 곳으로 가서 '세존이시여, 지난 번에 그 비구가 저에게 갖가지 장엄과 일곱 가지 보배로 된 번기와 일산을 요구하였사온데. 이 일을 마땅히 어찌 해야 하는지 알지 못 하겠나이다' 라고 말하기에, 나는 그때에 다시 아난에게 말하기를, '너는 지금 다시 돌아가서 그 비구의 뜻에 따라서 필요한 물건을 마련하여 주어라' 하였느니라.

그때 아난은 곧 그 방으로 돌아가서 그 비구를 위하여 온갖 것을 마련하여 주었더니, 그 비구는 그런 것을 얻고 나서 마음을 모아 도를 수행하여, 오래지 않아 곧 수다원 과보에 이르렀느니라.

선남자야, 한량없는 중생이 마땅히 열반에 들 것이로되, 결핍된 것이 있어서 그 마음을 방해하고 어지럽히기 때문에 얻지 못하느니라."

"알고 나면 곧 능히 멀리 여의게 된다.
비유하면 의사가 먼저 병든 이의 맥을 진단하여 병난

데를 알고 난 뒤에 약을 주는 것과 같으니라.

선남자야, 어떤 사람이 맹인을 데리고 가시덤불 속에 가서 그를 버리고 돌아온다면 맹인이 나중에 헤어나기가 매우 어려우며, 설사 헤어나더라도 신체가 모두 훼손되는 것처럼,

세상의 범부(凡夫)도 또한 그와 같아서 세 가지 루(漏)의 허물을 알아보지 못하면 곧 따라서 행하느니라."

"선남자야, 가령 의사가 먼저 병의 원인을 단절하면 병이 곧 생기지 않는 것처럼,

지혜로운 이가 먼저 번뇌의 원인을 관찰한 다음에 과보를 관찰함으로서 선한 원인으로부터 선한 과보가 생기는 것을 알고,

악한 원인으로부터 악한 과보가 생기는 것을 알며,

과보를 관찰하고 나서는 악한 원인을 멀리 여의느니라."

"선남자야, 비유하면 병든 이가 자신의 병이 경미해서 반드시 치유될 것을 알면, 비록 쓴 약을 얻더라도 그것을 복용하며 후회하지 않는 것처럼, 지혜로운 사람도 또한 그와 같아서 부지런히 성스런 도를 수행하여 환희하고, 근심하지 않고 쉬지 않고 후회하지 않느니라."

"선남자야, 이렇게 미묘한 대열반경이 바로 일체 선한 법의 보배 창고이니라.

비유하면 큰 바다에 많은 보배가 저장되어 있는 것처럼, 이 열반경도 또한 그와 같아서 곧 일체 글자의 의미가 비밀하게 저장되어 있느니라.

선남자야, 수미산이 많은 약의 근본인 것처럼, 이 경전도 또한 그러해서 곧 보살계의 근본이니라.

선남자야, 비유하면 허공이 일체 사물이 머무는 곳인 것처럼 이 경전도 또한 그러해서 곧 일체 선한 법이 머무는 곳이니라.

선남자야, 비유하면 맹렬한 바람을 묶어둘 수 없는 것처럼, 일체의 보살로서 이 경전을 수행하는 이도 역시 그와 같아서 일체 번뇌의 나쁜 법에 결박되지 않느니라.

선남자야, 비유하면 금강을 파괴할 수 없는 것처럼, 이 경전도 또한 그러해서 비록 외도와 악하고 삿된 사람이 있어도 파괴할 수 없느니라.

선남자야, 항하의 모래 수를 셀 수 없는 것처럼, 이 경전의 의미도 또한 그와 같아서 능히 헤아리는 이가 없느니라.

선남자야, 이 경전은 모든 보살을 위하여 법의 깃발이 되나니, 마치 제석의 깃발과 같으니라.

선남자야, 이 경전은 곧 열반성으로 나아가는 상인의 우두머리이니, 훌륭한 길잡이가 상인들을 인도하여 큰 바다로 나아가는 것과 같으니라.

선남자야, 이 경典은 능히 모든 보살을 위하여 법의 광명이 되나니 세상의 해와 달이 능히 어둠을 깨뜨리는 것과 같으니라.

선남자야, 이 경전은 능히 질병으로 고통 받는 중생을 위하여 매우 훌륭한 약이 되나니, 향산 속에 있는 미묘한 약왕이 능히 온갖 병을 치료하는 것과 같으니라.

선남자야, 이 경전은 능히 일천제를 위하여 지팡이가 되나니, 마치 쇠약한 사람이 지팡이로 인하여 일어나게 되는 것과 같으니라.

선남자야, 이 경전은 능히 일체 악한 사람을 위하여 다리가 되나니, 마치 세상의 다리가 능히 일체를 건너가게 하는 것과 같으니라.

선남자야, 이 경전은 능히 이십오유를 다니는 이가 번뇌의 뜨거움을 만났을 적에 서늘한 그늘이 되나니, 세상의 일산이 더위를 막아 가리는 것과 같으니라.

선남자야, 이 경전은 곧 크게 두려움이 없는 왕으로서 능히 일체 번뇌의 악마를 파괴하나니, 사자왕이 온갖 짐승을 항복시키는 것과 같으니라.

선남자야, 이 경전은 곧 크게 신묘한 주문이 스승으로서 능히 일체 번뇌의 악귀(惡鬼)를 파괴하나니, 세상의 주술사가 능히 도깨비를 쫓아버리는 것과 같으니라.

선남자야, 이 경전은 곧 위 없는 우박으로서 능히 일

체의 태어나고 죽는 과보를 파괴하나니, 세상의 우박이 모든 과실을 파괴하는 것과 같으니라.

선남자야, 이 경전은 능히 계목을 훼손한 이를 위하여 매우 훌륭한 약이 되나니, 마치 세상의 안사나(꽃의 이름으로, 눈을 치료하는 약이 된다) 약이 눈병을 잘 치료하는 것과 같으니라."

부처님께서 말씀하셨다.
"선남자야, 땅으로 다니는 귀신은 이 사람보다 더 빠르고,
날아다니는 귀신은 땅으로 다니는 귀신보다 더 빠르고,
사천왕은 날아다니는 귀신보다 더 빠르고,
해와 달의 천신은 사천왕보다 더 빠르고,
굳세고 신속하게 다니는 천신은 해와 달보다 더 빠르고,
중생의 수명은 굳세고 신속하게 다니는 천신보다 더 빠르니라.

선남자야, 호흡 한 번 하고 눈 한번 깜짝하는 사이에 중생의 수명은 사백 번이나 태어났다가 소멸하느니라.

지혜로운 이가 만약 능히 수명을 이와 같이 관찰한다면, 이것을 능히 시시각각으로 소멸하는 것을 관찰한다고 이름하느니라.

선남자야, 지혜로운 이는 관찰하기를 '수명이 죽음의 왕에게 속박되어 있으니, 내가 만약 능히 이러한 죽음의 왕을 여의면, 곧 항상하지 않은 수명을 영원히 단절하게

되리라'고 하느니라.

또 다음에 지혜로운 이는 관찰하기를 '이 수명은 마치 강가의 언덕에 위태롭게 서 있는 큰 나무와 같고,

또 어떤 사람이 큰 역적죄를 지어서 사형을 당하게 되어도 애석하게 연민한 이가 없는 것과 같고,

사자왕이 매우 굶주려서 곤궁한 때와 같고, 독사가 강한 바람을 들이켰을 때와 같고,

마치 목마른 말이 물을 보호하여 아끼는 것과 같고, 큰 귀신이 성낼 때와 같이, 중생의 사왕(死王)도 또한 이와 같도다'고 하느니라.

선남자야, 지혜로운 이가 만약 능히 이렇게 관찰한다면, 이것을 곧 죽는다는 생각을 수행한다고 이름하느니라.

중국 장액 대불사 열반상. 대불사의 부처님은 다른 열반상과 비교하였을 때, 그 표정이 특히나 자애롭고 여유로우며, 눈을 자연스럽게 뜨고 있어 마치 여전히 살아서 대중들과 함께 하는 것과 같이 친근하다. 이곳에 불자들이 모여드는 것은 비단 그 규모 때문 만은 아니다

13. 교진여품(憍陳如品)의 말씀 중에서

그때 세존께서는 알고 있으면서도 곧 교진여에게 말씀하시었다.

"아난 비구는 지금 어디에 있느냐?"

교진여가 아뢰었다.

"세존이시여, 아난 비구는 사라숲 밖에 있사온데, 이 대회로부터 십이유순이나 되며, 육만 사천억의 마에게 어지럽게 시달리고 있나이다.

세존이시여, 아난은 지금 지극히 큰 괴로움을 받고 있사오며, 비록 여래를 생각하여도 능히 구원할 이가 없나이다. 이러한 인연으로 이 대중 가운데 오지 못하였나이다."

"그때 목련이 대중 가운데 있다가 이렇게 생각하였느니라.

'여래께서는 지금 오백의 비구들이 시중드는 것을 받아들이지 않으시니, 부처님 뜻은 누구로 하여금 시중들게 하시려는 것일까?'

이렇게 사유하고 나서 곧바로 선정(禪定)에 들어서 여

래의 마음이 아난에게 있다는 것을 마치 해가 처음으로 떠올라 서쪽 벽을 비추는 것처럼 관찰하였느니라.

이러한 일을 보고 나서, 곧 선정으로부터 벗어나 교진여에게 말하였느니라.

'대덕이여, 나는 여래께서 아난으로 하여금 좌우(左右)에서 시중들게 하려는 것을 보았다오.'

그때 교진여는 오백의 아라한과 함께 아난이 있는 곳으로 가서 이렇게 말하였느니라.

'아난이여, 그대는 이제 마땅히 여래의 시중을 들어야 하겠으니, 이 일을 수락하도록 하시오.'

아난이 말하였느니라.

'대덕(大德)들이여, 저는 실로 여래의 시중드는 일을 감당하지 못하겠나이다. 왜냐하면 여래께서는 존귀하고 소중하시기가 사자왕 같고 용 같고 불 같지만, 저는 지금 더럽고 미약하오니 어떻게 감당할 수 있으오리까?'

비구들이 말하였느니라.

'아난이여, 그대가 우리들 말을 받아들여 여래를 시중들면 큰 이익을 얻을 것이오.'

두 번째, 세 번째도 또한 이와 같았더니 아난이 말하였느니라.

'대덕들이여, 저는 또한 크게 이익되는 일을 구하지 않으니, 실로 좌우에서 시중드는 일을 감당하지 못하겠나이다.'

그때 목건련이 다시 이렇게 말하였느니라.

'아난이여, 그대는 아직도 모르오?'

아난이 말하였느니라.

'대덕이여 오직 바라건대 말씀해 주십시오.'

목건련이 말하였느니라.

'여래께서 저번에 대중 가운데서 시중들 사람을 구하시기에 오백 아라한이 모두 시중들기를 원하였으나, 여래께서 허락하지 않으셨소.

나는 곧 선정에 들어서 여래의 뜻이 그대로 하여금 시중들게 하시려는 것을 보았는데, 그대는 지금 어찌하여 거부하며 다시 받아들이지 않는게요?'

아난이 듣고 나서 합장하고 끊어 앉아 이렇게 말하였느니라.

'대덕들이여, 만약 사정이 그러하다면, 여래 세존께서 저의 세 가지 소원을 들어 주신다면, 마땅히 스님들의 명령을 받들어 좌우에서 시중들겠나이다.'

목건련이 말하였느니라.

'세 가지 소원이란 어떠한 것들이오?'

아난이 말하였느니라.

'첫째는 여래께서 설사 낡은 옷을 저에게 주시더라도 제가 받지 않는 것을 허락하시고,

둘째는 여래께서 설사 단월의 별청을 받더라도 제가 따라가지 않는 것을 허락하시고,

셋째는 제가 출입하는 데에 시절이 제한되지 않는다는 것을 허락하시는 것이나이다.

이러한 세 가지 사항을 부처님께서 만약 허락하신다면, 마땅히 스님들의 명령에 따라서 여래의 시중을 들겠나이다.'

그때 교진여와 오백 비구가 나의 처소로 돌아와서 이렇게 말하였느니라.

'저희들이 이미 아난 비구에게 권하였더니, 세 가지 소원을 요구하는데, 만약 부처님께서 허락하신다면 마땅히 대중들의 명령에 따르겠다고 하였습니다.'

문수사리여, 나는 그때 아난을 이렇게 칭찬하였느니라.

'훌륭하고 훌륭하도다. 아난 비구는 지혜를 구족하여 미리 비난받을 혐의 사항을 보았도다.

왜냐하면 마땅히 어떤 사람이 말하기를 '그대는 의복과 음식을 위하여 여래의 시중을 드는가'고 하리니,

그러므로 먼저 낡은 옷을 받지 않고 별청에 따라가지 않는 것을 요구하였느니라.

교진여여, 아난 비구는 지혜를 구족하였으니, 들어가고 나오는 때가 정해져 있으면 곧 사부대중을 이익되게 하는 일을 널리 지을 수가 없으리니,

그러므로 출입하는 데에 시간이 제한되지 않은 것을 요구한 것이니라.

교진여여, 나는 아난을 위하여 이 세 가지 사항을 허

락함으로써 그가 뜻하는 소원을 따르겠노라.'

그때 목건련이 아난이 있는 곳으로 돌아가서 아난에게 말하였느니라.

'내가 이미 그대를 위하여 세 가지 사항을 여쭈었더니 여래께서는 큰 자비로 모두 이미 허락하셨소.'

아난이 말하였느니라.

'대덕이시여, 만약 부처님께서 허락하셨으면, 가서 시중을 들겠나이다.'

문수사리여, 아난은 나를 시봉한 지 이십여 년 동안에 여덟 가지 헤아릴 수 없는 일을 구족하였나니, 어떠한 것들이 여덟인가?

첫째는 나를 시봉한 지 이십여 년 동안 처음부터 나를 따르면서도 별청의 식사를 받지 않았느니라.

둘째는 나를 시봉한 이후로 처음부터 나의 낡은 옷을 받지 않았느니라.

셋째는 나를 시봉한 이후로, 나의 처소에 올 적에는 결코 적절한 시기가 아닌 때가 없었느니라.

넷째는 나를 시봉한 이후로 번뇌를 구족하였으면서도 나를 따라 많은 국왕, 찰제리, 세력 있고 부유한 이, 위대한 가문에 출입하였는데, 많은 여인과 천녀와 용왕들을 보고서도 욕심을 내지 않았느니라.

다섯째는 나를 시봉한 이후로 내가 말한 열두 부류 경전을 받아 지내면서 한번 귀를 스친 것은 일찍이 다시 물

은 적이 없었으니, 병에 들어 있는 물을 다른 병에 부어 옮기듯 하였느니라. 오직 한번 물은 일이 있었느니라.

선남자야, 유리 태자가 석가의 종족들을 살해하고 가비라성을 파괴할 때, 아난이 마음으로 걱정하고 고뇌하며 소리 내어 크게 울면서 나에게 찾아와서, **'저하고 여래는 모두 이 성에서 태어났고 동일한 석가 종족이온데, 어찌하여 여래께서는 얼굴빛이 평상시와 같고 저는 이렇게 초조하나이까?'** 하고 말하였느니라.

나는 그때 **'아난아 나는 공정(空定)을 수행하였기 때문에 너와 같지 않으니라'** 고 대답하였느니라.

삼년을 지난 뒤에 다시 찾아와서 나에게 묻기를 '세존이시여, 제가 지난날 저 가비라성에서 일찍이 여래께서 공삼매를 수행하셨다는 말씀을 들었사온데, 그 일이 진실하나이까?'고 하기에, 나는 '아난아, 그러하고 그러하니라. 네가 말한 바와 같으니라'고 하였느니라.

여섯째는 나를 시봉한 이후로, 비록 타인의 마음을 아는 지혜를 획득하지 못하였어도 항상 여래가 드는 모든 선정을 알았느니라.

일곱째는 나를 시봉한 이후로 타인이 바라는 것을 아는 지혜를 획득하지 못하였어도, 그러한 중생들이 여래를 찾아와 현재에 능히 네 가지 사문의 과보를 얻는 이도 있고 나중에 얻는 이도 있으며, 사람의 몸을 얻는 이도 있고, 하늘나라의 몸을 얻는 이도 있는 것을 능히 알았느니라.

여덟째는 나를 시봉한 이후로, 여래가 소유한 비밀한 말들을 전부 알았느니라.

선남자야, 아난 비구는 이렇게 여덟 가지 헤아릴 수 없는 일을 구족하였나니, 그러므로 나는 아난 비구를 '많이 들어 저장한 이'라고 일컫느니라.

선남자야, 아난 비구는 여덟 가지 법을 구족함으로써 십이 부 경을 능히 구족하게 지니나니, 어떠한 것들이 그 여덟인가?

첫째는 믿는 마음이 견고하고,

둘째는 그 마음이 바르고 정직하며,

셋째는 몸에 질병의 괴로움이 없고,

넷째는 항상 부지런히 정진하고,

다섯째는 사념하는 마음을 구족하고,

여섯째는 교만한 마음이 없고.

일곱째는 선정과 지혜를 성취하고,

여덟째는 듣는 대로 지혜가 생기는 것을 구족하였느니라."

"문수사리여, 그대가 말한 바와 같이 이 대중 속에는 비록 한량없고 끝이 없는 보살들이 있으나, 이 보살들에게는 모두 중요한 소임이 있으니, 이른바 대자대비니라.

이러한 인연 때문에 각각 맡은 일에 힘써야 하고, 권속을 조복하고, 자신을 장엄하여야 하나니, 이러한 인연으로 내가 열반한 뒤에 십이부경을 선전했고 유통시킬 수 없느니라.

만약 어떤 보살이 혹시 능히 말하더라도 사람들이 믿고 받들지 않느니라.

문수사리여, 아난 비구는 나의 동생으로서 나를 시봉한 지 이십여 년 동안 들을 만한 법을 구족하게 받아 지니었으니, **비유하면 물을 부어 한 그릇에 담는 것과 같으니라.**

그러므로 내가 지금 '아난이 어디에 있는가'라고 돌아보면서 묻는 것은 이 열반경을 받아 지니게 하려는 것이니라.

선남자야, 내가 열반한 뒤에 아난 비구가 듣지 못한 것은 홍광보살이 마땅히 능히 유포할 것이며, 아난이 들은 것은 스스로 능히 유통할 것이니라.

문수사리여, 아난 비구는 지금 다른 곳에 있는데, 이 대회로부터 밖으로 십이유순이나 되는 곳에서 육만 사천 억의 마군에게 어지럽게 시달린다고 하니, 그대는 그곳으로 가서 큰소리로 이렇게 말하여라, '일체의 마군들은 자세히 듣고 자세히 들으라. 여래께서 이제 위대한 다라니를 말씀하실 것이니라.' 그러면 일체의 하늘, 용, 건달바, 아수라, 가루라, 긴다라, 마후라(천룡팔부天龍八部)가 사람과 사람 아닌 자, 산신, 나무신, 하천신, 바다신, 사택신 등은 이 지명을 듣고서 공경하여 받아 지니지 않을 이가 없느니라.

이 다라니는 시방 항하의 모래 수 같은 모든 부처님 세존들이 함께 말씀하신 것이며, 능히 여인의 몸을 변하게 하고 스스로 숙명을 알게 하느니라.

만약 다섯 가지 사항,

즉 첫째는 청정한 수행이고,

둘째는 고기를 먹지 않고,

셋째는 술을 마시지 않고,

넷째는 다섯 가지 매운 채소를 먹지 않고,

다섯째는 고요한 곳에 머물기를 좋아하는 것인데,

이 다섯 가지 사항을 받아 지니고 나서 지극한 마음으로 이 다라니를 믿어 받들고, 읽고 외우고, 글로 쓰면, 마땅히 이 사람은 곧 칠십칠억의 더러운 몸을 초월하게 된다는 것을 알아야 하느니라."

그때 세존께서는 곧바로 다라니를 말씀하셨다.

아마례 비마례 나마례 몽가례혜 마라야가비 사만다 발데례 사바라 타사단니 바라마타사단니 마나사아보데 비라디 암마래디 바람미 바람마사례 부라니 부라니 나마노래데

그때 문수사리는 부처님으로부터 이 다라니를 받고 나서 아난이 있는 곳에 이르러 마군들 속에 머물러서 이렇게 말하였다.

"모든 마군의 권속들이여, 내가 부처님께 받은 다라니

의 주문을 말하는 것을 자세히 들을지어다.”

마왕(魔王)들은 그 다라니를 듣고 나서 모두 아뇩다라 삼먁삼보리의 마음을 일으키고, 마군의 업을 버리고, 곧 아난을 놓아 주었다.

문수사리가 아난과 함께 부처님 계신 곳에 이르자, 아난은 부처님 보고서 지극한 마음으로 예배하여 공경하고 물러나서 한쪽에 머물렀다.

부처님께서 아난에게 말씀하셨다.

“이 사라숲 밖에 수발타라고 이름 하는 한 범지가 있는데, 그의 나이는 지극히 오래되어 이미 백이십 살이니라.

비록 다섯 가지 신통을 얻었어도 교만함을 버리지 못하고, 비상비비상정을 획득하고는 일체지라는 마음을 내고 열반(涅槃)이라는 생각을 일으켰느니라.

너는 거기로 가서 수발타에게 말하기를 ‘여래가 세상에 출현하는 것은 우담바라꽃과 같은데, 오늘 밤중에 마땅히 반열반하리라. 만약 하려는 바가 있거든 가능한 시기에 해서 뒷날 후회하는 마음을 내지 말라’고 하여라.

아난아, 네가 말하는 것을 그는 결정코 믿고 받들 것이니라. 왜냐하면 **너는 일찍이 지난 옛적에 오백 세상 동안에 수발타의 아들이 되었는데, 그 사람이 너를 사랑하는 마음의 습기가 아직도 다하지 않았나니, 이러한 인연으로 너의 말을 믿고 받들 것이니라.”**

그때 아난은 부처님 명령을 받고 나서 수발타에게 찾아가서 이렇게 말하였다.

"어진이여, 마땅히 알아야 하오. 여래께서 세상에 출현하시는 것은 우담바라꽃과 같은데, 오는 밤중에 마땅히 반열반하시리라. 만약 하려는 바가 있거든 가능한 시기에 해서 뒷날 후회하는 마음을 내지 마시오."

수발타가 말하였다.

"좋습니다. 아난이여, 난 지금 마땅히 여래가 계신 곳으로 찾아가리다."

"수발타여, 나는 다시 마땅히 이렇게 물으리라.

'어진이여, 참으로 과거의 업(業)을 보았는가?

만약 그러한 업(業)이 있다면 얼마나 되는가?

현재의 고행으로 얼마나 없애버릴 수 있는가?

그 업(業)이 이미 다하거나 다하지 않았음을 알 수 있는가?

그 업(業)이 이미 다한다면 일체가 다하는가?'

그가 만약 '나는 참으로 알지 못하오'라고 대답한다면, 나는 문득 마땅히 그 사람을 위하여 비유를 인용하여 말하겠노라.

'비유하면 어떤 사람이 몸에 독 묻은 화살을 맞았는데, 그 집안의 권속들이 의사를 초청하여 그 화살을 뽑고 나자 몸이 편안하게 되었더니라.

그 뒤로 십 년이 지나도, 그 사람은 여전히 분명하게 기억하리라. 이 의사가 나를 위하여 독 묻은 화살을 뽑아내고 약을 붙여 주어서 내가 쾌유하게 되고 편안한 즐거움을 누리게 되었노라고.'

그런데 그대는 이미 과거의 본래 업을 알지도 못하면서, 어떻게 능히 현재의 고행으로 결정코 과거의 업을 없애버릴 수 있다는 것을 알겠는가?"

"그대의 법은 방편을 따라서 업(業)을 단절하지 못하지만, 우리 法은 그렇지 않아서 방편을 따라 단절하느니라."

"어진이여, 만약 중생이 괴로움을 받고 즐거움을 받는 것이 결정코 과거의 본래 업의 인연으로 말미암는다고 말한다면, 그것은 그렇지 않느니라.

왜냐하면 어진이여, 비유하면 어떤 사람이 왕을 위하여 원수를 제거하여 그 인연으로 많은 재물을 얻었고, 그 재물로 인하여 현재의 즐거움을 받았다면, 이러한 사람은 현재에 즐거운 인연을 짓고 현재에 즐거운 과보를 받는 것이니라.

비유하면 어떤 사람이 왕이 사랑하는 아들을 살해하여 그 인연으로 목숨을 잃어버렸다면, 이러한 사람은 현재에 괴로운 인연을 짓고, 현재에 괴로운 과보를 받는 것이니라.

어진이여, 일체 중생은 현재에 사대(四大)와 시절과 토지와 인민 등으로 인하여 괴로움을 받고 즐거움을 받나니, 그러므로 나는 일체 중생이 반드시 다 과거의 본래 업만으로 인하여 괴로움과 즐거움을 받는 것이 아니라고 말하느니라."

이러한 법을 연설할 때 일만의 보살은 일생에 실상을 얻었고, 만 오천의 보살은 이생에 법계를 얻었고, 이만 오천의 보살은 필경지를 얻었다.

삼만 오천의 보살은 제일의제를 깨달았는데, 그 제일의제는 또한 제일의공이라고도 이름하고, 또한 수능엄삼매라고도 이름한다.

사만 오천의 보살은 허공삼매를 얻었는데, 그 허공삼매는 또한 광대삼매라고도 이름하고, 또한 지인삼매라고도 이름한다.

오만 오천의 보살은 불퇴인을 얻었는데, 그 불퇴인은 또한 여법인이라 고도 이름하고, 또한 여법계(如法界)라고도 이름한다.

육만 오천의 보살은 다라니(多羅尼)를 얻었는데, 그 다라니는 또한 대념심이라고도 이름하고, 또한 무애지라고도 이름한다.

칠만 오천의 보살은 사자후삼매를 얻었는데, 그 사자

후삼매는 또한 금강삼매라고도 이름하고, 또한 오지인삼매(五智印三昧)라고도 이름한다.

팔만 오천의 보살은 평등삼매를 얻었는데, 그 평등삼매는 또한 대자대비(大慈大悲)라고도 이름한다.

한량없는 항하의 모래알만큼 많은 중생들은 아뇩다라삼먁삼보리의 마음을 일으켰고, 한량없는 항하의 모래알만큼 많은 중생들은 성문(聲聞)의 마음을 일으켰다.

세상의 여인과 하늘나라 여인 이만억 명은 현재의 여인 몸을 전변하여 남자의 몸을 얻었고, 수발타라는 아라한(阿羅漢)의 과보를 얻었다.

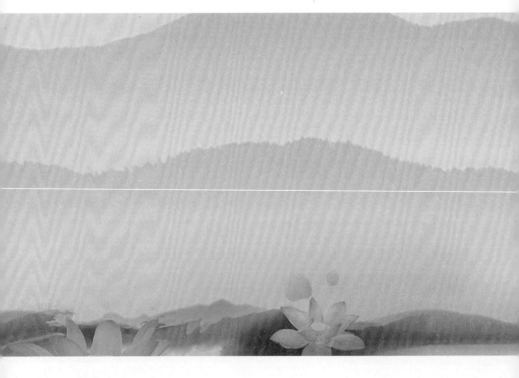

우리말 대반열반경 요의

1판 1쇄 펴낸 날 2019년 6월 3일

한역 담무참 **편역** 제안용하
발행인 김재경 **편집 · 디자인** 김성우 **마케팅** 권태형 **제작** 경희정보인쇄
펴낸곳 도서출판 비움과소통(blog.daum.net/kudoyukjung)
        경기 파주시 야당동 191-10 예일아트빌 3동 102호
        전화 031-945-8739 팩스 0505-115-2068
        이메일 buddhapia5@daum.net

© **제안용하, 2019**
ISBN 979-11-6016-052-9 03220